总第43辑

中国审判指导丛书

涉外商事海事审判指导

最高人民法院民事审判第四庭　编

人民法院出版社

图书在版编目（CIP）数据

涉外商事海事审判指导. 总第43辑 / 最高人民法院民事审判第四庭编. -- 北京 : 人民法院出版社, 2024. 11. -- (中国审判指导丛书). -- ISBN 978-7-5109-4270-9

Ⅰ. D922.294.4

中国国家版本馆CIP数据核字第2024E0X604号

涉外商事海事审判指导（总第 43 辑）

最高人民法院民事审判第四庭　编

责任编辑　杨　洁

出版发行　人民法院出版社

地　　址　北京市东城区东交民巷 27 号（100745）

电　　话　（010）67550656（责任编辑）　67550558（发行部查询）

65223677（读者服务部）

客服 QQ　2092078039

网　　址　http：//www. courtbook. com. cn

E - mail　courtpress@sohu. com

印　　刷　三河市国英印务有限公司

经　　销　新华书店

开　　本　787 毫米×1092 毫米　1/16

字　　数　227 千字

印　　张　15. 5

版　　次　2024 年 11 月第 1 版　2024 年 11 月第 1 次印刷

书　　号　ISBN 978-7-5109-4270-9

定　　价　68. 00 元

《涉外商事海事审判指导》
编辑委员会

卷首语

《涉外商事海事审判指导》（总第43辑）经过精心编辑和大家见面了。本辑栏目设置继续保持《涉外商事海事审判指导》的一贯特色，包括“司法文件”“请示与答复”“调查与研究”“信息与资料”四个传统栏目。

司法文件 该栏目主要涉及2022年上半年出台或修正的有关涉外商事海事审判的司法解释和司法指导性文件。

请示与答复 作为本丛书的特色栏目，本辑继续刊登2022年上半年最高人民法院针对各高级人民法院有关国际商事仲裁裁决司法审查法律问题请示的复函，并附有各高级人民法院请示的内容，具有较强的指导意义。为便于检索，本栏目设置“申请确认仲裁协议效力案件”“申请撤销内地仲裁裁决案件”“申请不予执行内地仲裁裁决案件”“申请承认和执行外国仲裁裁决案件”四个子栏目。

调查与研究 本辑选择了上海海事法院王珊、上海市高级人民法院周燡两位法官的调研论文《〈民法典〉实施背景下目的港无人提货损害赔偿法律问题完善研究》。

信息与资料 最高人民法院民四庭朱科法官参加国际统一私法协会“有效执行的最佳实践”项目工作组第四次会议，本辑刊登了她的参会报告。

目 录

【司法文件】

【请示与答复】

（一）申请确认仲裁协议效力案件

（二）申请撤销内地仲裁裁决案件

【司法文件】

最高人民法院　最高人民检察院
关于办理海洋自然资源与生态环境公益诉讼案件若干问题的规定

法释〔2022〕15号

（2021年12月27日最高人民法院审判委员会第1858次会议、2022年3月16日最高人民检察院第十三届检察委员会第九十三次会议通过　2022年5月10日最高人民法院、最高人民检察院公告公布　自2022年5月15日起施行）

为依法办理海洋自然资源与生态环境公益诉讼案件，根据《中华人民共和国海洋环境保护法》《中华人民共和国民事诉讼法》《中华人民共和国刑事诉讼法》《中华人民共和国行政诉讼法》《中华人民共和国海事诉讼特别程序法》等法律规定，结合审判、检察工作实际，制定本规定。

第一条　本规定适用于损害行为发生地、损害结果地或者采取预防措施地在海洋环境保护法第二条第一款规定的海域内，因破坏海洋生态、海洋水产资源、海洋保护区而提起的民事公益诉讼、刑事附带民事公益诉讼和行政公益诉讼。

第二条　依据海洋环境保护法第八十九条第二款规定，对破坏海洋生态、海洋水产资源、海洋保护区，给国家造成重大损失的，应当由依照海洋环境保护法规定行使海洋环境监督管理权的部门，在有管辖权的海事法院对侵权人提起海洋自然资源与生态环境损害赔偿诉讼。

有关部门根据职能分工提起海洋自然资源与生态环境损害赔偿诉讼的，人民检察院可以支持起诉。

第三条 人民检察院在履行职责中发现破坏海洋生态、海洋水产资源、海洋保护区的行为，可以告知行使海洋环境监督管理权的部门依据本规定第二条提起诉讼。在有关部门仍不提起诉讼的情况下，人民检察院就海洋自然资源与生态环境损害，向有管辖权的海事法院提起民事公益诉讼的，海事法院应予受理。

第四条 破坏海洋生态、海洋水产资源、海洋保护区，涉嫌犯罪的，在行使海洋环境监督管理权的部门没有另行提起海洋自然资源与生态环境损害赔偿诉讼的情况下，人民检察院可以在提起刑事公诉时一并提起附带民事公益诉讼，也可以单独提起民事公益诉讼。

第五条 人民检察院在履行职责中发现对破坏海洋生态、海洋水产资源、海洋保护区的行为负有监督管理职责的部门违法行使职权或者不作为，致使国家利益或者社会公共利益受到侵害的，应当向有关部门提出检察建议，督促其依法履行职责。

有关部门不依法履行职责的，人民检察院依法向被诉行政机关所在地的海事法院提起行政公益诉讼。

第六条 本规定自2022年5月15日起施行。

最高人民法院、最高人民检察院相关负责人就《最高人民法院、最高人民检察院关于办理海洋自然资源与生态环境公益诉讼案件若干问题的规定》答记者问

2022 年 5 月 10 日，最高人民法院、最高人民检察院联合发布《最高人民法院、最高人民检察院关于办理海洋自然资源与生态环境公益诉讼案件若干问题的规定》（以下简称《规定》），自 2022 年 5 月 15 日起施行。为更好地理解和适用《规定》，最高人民法院民四庭负责人、最高人民检察院第八检察厅负责人接受了记者采访。

问：请介绍一下制定《规定》的背景情况和主要内容。

答：我国是海洋大国，海洋是我国经济社会可持续发展的重要资源和战略空间。在海洋经济快速发展的同时，船舶排污、陆源污染和海洋资源的开发活动等不断影响我国海洋生态环境质量，海洋生态环境压力依然较大，涉及海洋自然资源与生态环境损害的案件数量也不断上升。以习近平同志为核心的党中央高度重视海洋事业发展和海洋生态环境保护。党的十八大作出了建设海洋强国的重大部署，党的十九大报告进一步提出“坚持陆海统筹，加快建设海洋强国”“加快生态文明体制改革，建设美丽中国”，《中华人民共和国国民经济和社会发展第十四个五年规划和 2035 年远景目标纲要》提出“坚持陆海统筹、人海和谐、合作共赢，协同推进海洋生态保护、海洋经济发展和海洋权益维护，加快建设

海洋强国”。保护海洋自然资源和生态环境是加快建设海洋强国、实现人海和谐共生的根本要求和基础保障，迫切需要不断加大海洋环境司法保护力度，为促进海洋生态文明建设提供强有力的服务与保障。

为了正确理解和适用《海洋环境保护法》、《民事诉讼法》、《刑事诉讼法》、《行政诉讼法》和《海事诉讼特别程序法》的有关规定，明确提起海洋环境公益诉讼的主体和管辖法院，为不同主体提起公益诉讼的衔接作出制度安排，亟须出台司法解释统一规范海洋环境公益诉讼案件裁判尺度，充分发挥海洋环境监督管理部门、人民检察院在海洋环境公益诉讼中的不同职能作用，构建较为完善、独立的具有中国特色的海洋环境公益诉讼制度，有利于保障海洋安全、保护海洋资源、推进海洋法治、服务海洋强国建设。

《规定》共六条，主要规定了三个方面的内容：一是规定了有权提起海洋自然资源与生态环境民事公益诉讼的主体为行使海洋环境监督管理权的部门和人民检察院，明确了人民检察院督促、协同和兜底的职能作用，确定了海事法院是海洋环境民事公益诉讼的专门管辖法院；二是规定了对破坏海洋生态、海洋水产资源、海洋保护区，涉嫌犯罪的行为，在行使海洋环境监督管理权的部门没有另行提起诉讼的情况下，人民检察院可以在提起刑事公诉时一并提起附带民事公益诉讼，也可以单独提起民事公益诉讼，以提高司法效率、节约司法资源；三是规定了人民检察院有权提起海洋环境行政公益诉讼，明确了海事法院的专门管辖职能，通过行政公益诉讼方式，实现有效督促海洋环境监督管理部门依法履职，保护海洋自然资源和生态环境的目的。

问：请介绍一下《规定》的适用范围。

答：首先，《规定》是有关海洋自然资源与生态环境公益诉讼的专门性规定，主要针对《海洋环境保护法》第八十九条①所规定的破坏海洋生态、海洋水产资源、海洋保护区的行为，涵盖了民事、行政和刑事附带

① 现为 2023 年修订的《海洋环境保护法》第一百一十四条。——编者注

民事公益诉讼三种不同情况。其次,《规定》适用的地域范围与《海洋环境保护法》适用的海域范围一致,包括内水、领海、毗连区、专属经济区、大陆架以及我国管辖的其他海域,其中,内水是指我国领海基线向内陆一侧的所有海域。因此,《规定》并不适用于江河、湖泊等内陆水域。最后,造成海洋自然资源与生态环境损害的原因,不仅包括海上航行、海上作业生产等行为,还包括从陆地向海域排放污染物等陆源污染行为。损害行为发生地或损害结果地位于海域,是确定《规定》适用范围的重要因素。此外,为防止或减轻海洋自然资源和生态环境损害,可能会在海上采取相应处置措施,该预防措施费用亦属于海洋自然资源与生态环境损失赔偿范围,故采取预防措施地也是界定《规定》适用范围的因素之一。综上所述,只要是损害行为发生地、损害结果地或者采取预防措施地在海域,因造成海洋自然资源与生态环境损害而提起的公益诉讼案件,都应当适用《规定》。

问:《规定》对有权提起海洋自然资源与生态环境民事公益诉讼的主体是如何规定的?

答:《规定》采用了列明方式明确了有权提起海洋自然资源与生态环境民事公益诉讼的主体。首先,《规定》明确了《海洋环境保护法》第八十九条第二款规定的损害赔偿诉讼属于民事公益诉讼,应当由行使海洋环境监督管理权的部门提起诉讼。其次,根据《民事诉讼法》第五十八条第二款①、《海洋环境保护法》第八十九条第二款的规定,在行使海洋环境监督管理权的部门不提起诉讼的情况下,人民检察院可以就海洋自然资源与生态环境损害提起公益诉讼。《规定》体现了海洋环境监督管理部门与人民检察院提起海洋自然资源与生态环境公益诉讼的不同定位,实现海洋环境监督管理部门与人民检察院提起公益诉讼的有效衔接,对加大海洋环境保护力度、维护国家海洋权益具有现实意义。

① 现为2023年修正的《民事诉讼法》第五十八条第二款,下同。——编者注

问：《规定》对海洋自然资源与生态环境公益诉讼案件的管辖法院是如何规定的？

答：依据《海事诉讼特别程序法》《行政诉讼法》《最高人民法院关于海事法院受理案件范围的规定》《最高人民法院关于海事诉讼管辖问题的规定》等法律及司法解释，《规定》明确了海事法院对海洋自然资源与生态环境民事公益诉讼和行政公益诉讼的专门管辖：一方面，可以充分发挥海事法院的专业化审判优势，有利于审判质量保障和裁判尺度的统一；另一方面，可以发挥海事法院跨行政区划设置的优势，有利于克服地方保护主义，特别是审理行政案件相对更为超脱，可以进一步为依法开展海洋执法活动提供有力的司法支持和监督。此外，11个海事法院设立了40余个派出法庭，适应海事法院管辖区域线长面广的特点，增强了海事审判的服务功能，方便了当事人诉讼，已经成为海事司法保障沿海沿江地区经济发展与生态文明建设的重要前沿。

《最高人民法院、最高人民检察院关于办理海洋自然资源与生态环境公益诉讼案件若干问题的规定》的理解与适用

王淑梅　胡　方*

为依法办理海洋自然资源与生态环境公益诉讼案件，全面加强海洋环境司法保护，促进海洋生态文明建设，2021 年 12 月 27 日最高人民法院审判委员会第 1858 次会议、2022 年 3 月 16 日最高人民检察院第十三届检察委员会第九十三次会议审议通过了《最高人民法院、最高人民检察院关于办理海洋自然资源与生态环境公益诉讼案件若干问题的规定》(法释〔2022〕15 号，以下简称《规定》)，并已于 2022 年 5 月 15 日起施行。现就《规定》涉及的有关问题予以说明，以供相关案件办理过程中准确理解与适用。

一、制定背景和意义

出台《规定》，是最高人民法院、最高人民检察院贯彻落实党中央决策部署，加大海洋自然资源与生态环境司法保护力度，积极回应社会关切的重要举措。司法解释的颁布实施，对于完善海洋自然资源与生态环境保护法律体系，统一法律适用标准，规范海洋自然资源与生态环境公益诉讼案件办理，具有重要意义。

---

* 作者单位：最高人民法院。

我国是海洋大国，海洋是我国经济社会可持续发展的重要资源和战略空间。随着海上活动的日益频繁，在海洋经济快速发展的同时，船舶排污、陆源污染和海洋资源的开发活动等不断影响我国海洋生态环境质量，海洋生态环境面临较大压力，涉及海洋自然资源与生态环境损害的案件数量也不断上升。

以习近平同志为核心的党中央高度重视海洋事业发展和海洋生态环境保护。党的十八大作出了建设海洋强国的重大部署，党的十九大明确提出“坚持陆海统筹，加快建设海洋强国”“加快生态文明体制改革，建设美丽中国”；《中华人民共和国国民经济和社会发展第十四个五年规划和 2035 年远景目标纲要》提出“坚持陆海统筹、人海和谐、合作共赢，协同推进海洋生态保护、海洋经济发展和海洋权益维护，加快建设海洋强国”。保护海洋自然资源和生态环境是加快建设海洋强国、实现人海和谐共生的根本要求和基础保障，迫切需要不断加大司法保护力度，为促进海洋生态文明建设提供强有力的服务与保障。

为了保护和改善海洋环境，保护海洋资源，防治污染损害，维护生态平衡，保障人体健康，促进经济和社会的可持续发展，全国人大常委会于 1982 年颁布《海洋环境保护法》。该法于 1999 年 12 月修订时，在法律责任章节增加了由依照《海洋环境保护法》规定行使海洋环境监督管理权的部门代表国家对责任者提出损害赔偿要求的规定。2012 年以来，随着《环境保护法》《民事诉讼法》的修改以及《最高人民法院关于审理环境民事公益诉讼案件适用法律若干问题的解释》与《最高人民法院、最高人民检察院关于检察公益诉讼案件适用法律若干问题的解释》（以下简称《检察公益诉讼解释》）等司法解释的制定，逐步建立和细化了环境公益诉讼制度。如何正确理解上述不同法律规定的本意，如何界定海洋自然资源与生态环境损害赔偿诉讼的性质，如何在海洋环境保护中充分发挥公益诉讼制度的作用，亟待出台司法解释加以明确和规范，构建较为完善、独立的具有中国特色的海洋环境公益诉讼制度，进一步保障海洋安全、保护海洋资源、推进海洋法治、服务海洋强国建设。

二、主要内容说明

《规定》共六条，分别就适用范围以及海洋环境民事公益诉讼、刑事附带民事公益诉讼、行政公益诉讼的主体、管辖权等作出了规定。

（一）关于适用范围

第一条从案件类型、行为后果和地域三个方面界定了《规定》的适用范围，也是对海洋自然资源与生态环境公益诉讼案件的解读。

首先，《规定》系因海洋自然资源与生态环境损害而提起的海洋环境公益诉讼的专门规定，包括民事、刑事附带民事和行政公益诉讼三种案件类型。

其次，《规定》的重要法律依据是《海洋环境保护法》，主要是围绕如何正确理解和适用该法第八十九条第二款①的规定作出的具体规范，故《规定》第一条直接援引了《海洋环境保护法》第八十九条第二款内容界定了《规定》适用的行为后果，即破坏海洋生态、海洋水产资源、海洋保护区。

再次，《规定》适用的地域范围与《海洋环境保护法》适用的海域范围一致。《海洋环境保护法》第二条第一款②规定："本法适用于中华人民共和国内水、领海、毗连区、专属经济区、大陆架以及中华人民共和国管辖的其他海域。"第九十四条第二项③进一步规定，该法中的内水是指我国领海基线向内陆一侧的所有海域。故《规定》并不适用于江河、湖泊等内陆水域。

最后，造成海洋自然资源与生态环境损害的原因，不仅包括海上航行、海上作业生产等发生在海上的行为，还包括从陆地向海域排放污染物造成海洋自然资源与生态环境损害等陆源污染行为。损害行为发生地

---

① 现为2023年修订的《海洋环境保护法》第一百一十四条，下同。——编者注

② 现为2023年修订的《海洋环境保护法》第二条第一款，下同。——编者注

③ 现为2023年修订的《海洋环境保护法》第一百二十条第二项，下同。——编者注

或损害结果地位于海域，是确定《规定》适用范围的重要因素。此外，为减轻或防止海洋环境污染、生态恶化、自然资源减少，可能会采取相应的合理应急处置措施，该预防措施费用亦属于海洋自然资源与生态环境损失赔偿范围，故采取预防措施地也是界定《规定》适用范围的考量因素之一。

因此，只要损害行为发生地、损害结果地或者采取预防措施地三个因素中的一个因素发生在《海洋环境保护法》第二条第一款规定的海域内，因海洋自然资源与生态环境损害而提起的公益诉讼，就应当适用《规定》。《规定》的适用范围涵盖了因陆源污染造成海洋环境损害而提起的公益诉讼案件，因此，如污染行为发生在陆地，污染物经由陆地流入海洋，就海洋自然资源与生态环境损害提起的公益诉讼案件应当适用《规定》确定相应的诉讼主体和管辖权等，但是，《规定》并不影响其他相关主体依据《环境保护法》《民事诉讼法》等法律规定仅就陆地环境污染损害提起公益诉讼的权利。

（二）关于民事公益诉讼

《规定》第二条、第三条采用列明方式明确有权提起海洋自然资源与生态环境民事公益诉讼的主体，确定海事法院是海洋环境民事公益诉讼的专门管辖法院。

1. 关于海洋环境监督管理部门就海洋自然资源与生态环境损害提起的诉讼

《海洋环境保护法》是环境领域的特别法，应当优先适用于相关纠纷。该法第八十九条第二款规定，将海洋自然资源与生态环境损害索赔的权利赋予依法行使海洋环境监督管理权的部门。根据现阶段相关立法意图①，该类诉讼属于民事公益诉讼范畴。2018 年 1 月 15 日起施行的

① 2012 年 4 月 24 日《全国人民代表大会法律委员会关于〈中华人民共和国民事诉讼法修正案（草案）修改情况的汇报〉》对公益诉讼制度问题作了说明："目前，有的环境保护领域的法律已规定了提出这类诉讼的机关。比如，海洋环境保护法规定，海洋环境监督管理部门代表国家对破坏海洋环境给国家造成重大损失的责任者提出损害赔偿要求。"

《最高人民法院关于审理海洋自然资源与生态环境损害赔偿纠纷案件若干问题的规定》（以下简称《海洋环境司法解释》）通过在第十一条、第十二条规定相关公益诉讼司法解释适用规则的方式，表明了海洋环境监督管理部门提起此类诉讼的性质。《规定》系关于海洋环境公益诉讼的司法解释，通过将海洋环境监督管理部门提起诉讼的情形纳入本司法解释的方式，进一步明确了此类诉讼属于民事公益诉讼。但是在表述方式上，为了保持连贯性，继续沿用《海洋环境保护法》和《海洋环境司法解释》中关于“海洋自然资源与生态环境损害赔偿诉讼”的表述。

在《规定》起草过程中，有人建议，应当在海洋自然资源与生态环境损害赔偿诉讼中规定磋商前置程序，相关部门与侵权人就海洋自然资源与生态环境损害赔偿开展磋商无果的，再进入诉讼程序。我们经研究认为，2017 年 12 月中共中央办公厅、国务院办公厅印发的《生态环境损害赔偿制度改革方案》（以下简称《改革方案》）中提出了“主动磋商，司法保障”的工作原则，生态环境损害发生后，赔偿权利人组织开展生态环境损害调查、鉴定评估、修复方案编制等工作，主动与赔偿义务人磋商。磋商未达成一致的，赔偿权利人可依法提起诉讼。据此，《最高人民法院关于审理生态环境损害赔偿案件的若干规定（试行）》第一条明确磋商是提起生态环境损害赔偿诉讼的前置程序，经磋商未达成一致或者无法进行磋商的才可以提起诉讼。2022 年 4 月，生态环境部联合最高人民法院、最高人民检察院等 14 家单位印发的《生态环境损害赔偿管理规定》中也规定了磋商程序。但是《改革方案》第三条第二项、《最高人民法院关于审理生态环境损害赔偿案件的若干规定（试行）》第二条第二项和《生态环境损害赔偿管理规定》均明确规定，上述方案和规定不适用于海洋生态环境损害赔偿，涉及海洋生态环境损害赔偿的，适用《海洋环境保护法》等法律及相关规定。因《海洋环境保护法》并没有磋商前置的规定，故在海洋自然资源与生态环境损害赔偿诉讼中规定磋商前置程序，目前没有相应的法律或者国家规定作为依据。但《规定》也并不限制或影响海洋环境监督管理部门先行与侵权人进行磋商的程序，如果今后在海洋环境保护中明确了磋商机制，还可另行作出新的规定。

2. 关于检察机关就海洋自然资源与生态环境损害提起的民事公益诉讼

检察机关是否有权提起海洋环境公益诉讼，长期以来一直存在不同观点。虽然《检察公益诉讼解释》并未明确将海洋环境公益诉讼排除在外，但是，对《海洋环境保护法》《民事诉讼法》相关规定的不同理解导致对检察机关诉权的认识不统一，从而《检察公益诉讼解释》能否适用于海洋环境公益诉讼，也一直存在分歧。一种观点认为，《海洋环境保护法》第八十九条第二款的特别规定排除了其他国家机关的索赔资格，包括检察机关。根据特别法优先于一般法适用的原则，检察机关无权提起海洋环境公益诉讼。另一种观点认为，检察机关提起公益诉讼是国家赋予其的工作职能，《海洋环境保护法》的规定并不能排除《民事诉讼法》对检察机关赋权规定的适用。

我们经研究认为，首先，《民事诉讼法》第五十八条第一款规定：对污染环境、侵害众多消费者合法权益等损害社会公共利益的行为，法律规定的机关和有关组织可以向人民法院提起诉讼。第二款规定，在没有第一款规定的机关和组织或者第一款规定的机关和组织不提起诉讼的情况下，人民检察院可以提起诉讼。因此，依据《海洋环境保护法》第八十九条第二款、《民事诉讼法》第五十八条第二款的规定，《海洋环境保护法》明确规定了海洋环境监督管理部门有权提起海洋自然资源与生态环境损害赔偿，在上述部门不提起诉讼的情况下，检察机关可以就海洋自然资源与生态环境损害提起公益诉讼。其次，虽然《海洋环境保护法》规定海洋环境监督管理部门有权就海洋自然资源与生态环境损害提起诉讼，但是海洋环境监督管理部门在不同案件中的诉讼能力可能会影响其提起诉讼的积极性，司法实践中也确实存在海洋环境监督管理部门怠于履行提起诉讼的职责，导致海洋环境保护力度受到影响的情形。允许检察机关在海洋环境监督管理部门不起诉的情况下提起诉讼，可以充分发挥检察机关督促、协同、兜底的职能定位，符合加大海洋环境保护力度、维护国家海洋权益的价值取向。

基于加大海洋环境保护力度、完善海洋环境公益诉讼制度体系的需要，《规定》第二条、第三条体现了《海洋环境保护法》作为特别法应当优先适用的原则，在注重充分发挥海洋环境监督管理部门行政监管职能的同时，也明确了检察机关督促、协同、兜底的职能定位。检察机关发现破坏海洋生态、海洋水产资源、海洋保护区的行为，可以将有关线索移送海洋环境监督管理部门并告知其提起诉讼。只有在海洋环境监督管理部门经告知仍不提起诉讼的情况下，检察机关才可以直接作为原告提起公益诉讼；海洋环境监督管理部门经告知提起诉讼的，检察机关可以依据《规定》第二条第二款的规定支持起诉。这一规定体现了检察机关与海洋环境监督管理部门提起海洋环境公益诉讼的不同定位，可以实现海洋环境监督管理部门与检察机关提起公益诉讼的有效衔接，对加大海洋环境保护力度、维护国家海洋权益具有现实意义。

（三）关于刑事附带民事公益诉讼

破坏海洋生态、海洋水产资源、海洋保护区，涉嫌犯罪的，应当如何确定刑事附带民事诉讼适格原告，相关海洋环境监督管理部门能否提起刑事附带民事海洋环境损害赔偿，一直是争论热点。一种观点认为，《海洋环境保护法》第八十九条第二款对代表国家提出损害赔偿要求的主体作出了特别规定，应当优先适用，故当海洋环境遭受侵害并构成犯罪时，相关海洋环境监督管理部门具有提起刑事附带民事损害赔偿诉讼的权利，这与《刑事诉讼法》第一百零一条关于被害人由于被告人的犯罪行为而遭受物质损失，在刑事诉讼过程中有权提起刑事附带民事诉讼的规定也并不相悖。另一种观点认为，《刑事诉讼法》明确规定，附带民事诉讼原告人只有被害人和检察机关。涉及国家利益受损的，提起附带民事诉讼的主体只是检察机关，没有规定其他机关。允许海洋环境监督管理部门依据《海洋环境保护法》的规定提起刑事附带民事诉讼，是对《刑事诉讼法》规定的突破。

经研究，鉴于对破坏海洋生态、海洋水产资源、海洋保护区，涉嫌犯罪的，海洋环境监督管理部门能否提起刑事附带民事诉讼，《刑事诉讼法》并未作出明确规定，有关方面还存在不同认识，《规定》第四条仅就海洋环境监督管理部门与检察机关在涉及民事和刑事案件交叉的情况下，如何协调各自职能作出规定。一方面，《规定》明确了在涉嫌犯罪的情况下，海洋环境监督管理部门依然有权就海洋自然资源与生态环境损害另行提起民事诉讼；另一方面，依据《刑事诉讼法》第一百零一条第二款、《检察公益诉讼解释》第二十条第一款的规定，《规定》明确了在海洋环境监督管理部门未另行提起民事诉讼的情况下，检察机关可以根据实际情况，从有利于提高司法效率的角度，选择在提起刑事公诉时一并提起附带民事公益诉讼，也可以选择单独提起民事公益诉讼，以充分发挥检察机关对海洋环境保护的兜底、协同职能。

（四）关于行政公益诉讼

为了充分发挥检察机关的监督职能作用，在制度功能层面督促行政主管机关积极依法履职，《行政诉讼法》规定检察机关可以通过行政诉讼促进依法行政、严格执法。根据《海洋环境保护法》的规定，相关海洋环境监督管理部门对破坏海洋自然资源和生态环境的行为负有监督管理职责，但实践中往往存在行政部门对海洋环境保护违法行使职权或者怠于履职不作为的现象。如何正确、充分利用行政公益诉讼制度，加大海洋环境司法保护力度，是制定《规定》第五条的主要目的。

我们经研究认为，首先，根据《行政诉讼法》第二十五条的规定，检察机关可以向海洋环境监督管理部门依次提出检察建议和提起诉讼，这是法律对其职能的赋权与定位。其次，根据前述规定，海洋环境行政公益诉讼的提起要以诉前检察建议为前提。实践中，检察机关发出检察建议后，多数海洋环境监督管理部门都能够及时采取有效措施依法履职，故大部分案件在行政公益诉讼的诉前程序便已终结。但对于海洋环境监督管理部门仍然不依法履职的，检察机关可以通过直接提起行政诉讼的方式，督促其依法全面履行监管职责、恢复受侵害的公共利益。最后，行政公益诉讼主要针对海洋环境监督管理部门违法行使职权或者怠于履职不作为，是为有效补足行政执法短板而采取的有利于海洋自然资源和生态环境保护的另一种监督手段。但是，对于海洋环境监督管理部门不提起诉讼的情形，通常并不采用检察建议这一特定文书形式。通过行政公益诉讼要求海洋环境监督管理部门提起海洋自然资源与生态环境损害赔偿诉讼，也不符合司法诉讼高效、便利原则。因此，对于海洋环境监督管理部门经告知仍然不提起诉讼的，检察机关可以依据《规定》第三条直接提起民事公益诉讼，而并非依据《规定》第五条提出检察建议和提起行政公益诉讼。

（五）关于管辖权

根据《海洋环境司法解释》第二条的规定，海洋环境监督管理部门提起的海洋自然资源与生态环境损害赔偿诉讼，由损害行为发生地、损害结果地或者采取预防措施地海事法院管辖。但是由检察机关提起的海洋环境公益诉讼案件是否应当由海事法院专门管辖，起草过程中存在争论。有观点认为，根据《检察公益诉讼解释》第五条的规定，市（分、州）检察机关提起的第一审民事公益诉讼案件，由侵权行为地或者被告住所地中级人民法院管辖；基层检察机关提起的第一审行政公益诉讼案件，由被诉行政机关所在地基层人民法院管辖，故并未要求由海事法院专门管辖。

经研究，《规定》第二条、第三条和第五条最终明确了海事法院对海洋自然资源与生态环境民事公益诉讼和行政公益诉讼的专门管辖。主要理由如下。

第一，根据《海事诉讼特别程序法》第四条、第七条，《海洋环境司法解释》第二条，《最高人民法院关于海事法院受理案件范围的规定》第三类第65项、第五类第81项、第82项，《最高人民法院关于海事诉讼管辖问题的规定》第二条的规定，污染海洋环境、破坏海洋生态责任纠纷和海事行政案件都属于海事法院专门管辖或者专属管辖。上述有关海事法院专门管辖或专属管辖的规定属于特别规定，如果与《检察公益诉讼解释》的一般规定不同，应当优先适用特别规定。

第二，根据《规定》，在海洋环境监督管理部门不提起诉讼的情况下，检察机关可以依照《规定》提起民事公益诉讼。检察机关履行的系督促、协同、兜底职能，其提起的民事公益诉讼与海洋环境监督管理部门提起的诉讼请求和诉讼目的基本相同，并不因提起主体不同而改变此类案件的性质，均应当属于前述法律法规调整的范围，故检察机关提起的民事公益诉讼也应当由海事法院管辖。

第三，海洋自然资源与生态环境损害赔偿涉及国际公约、国际惯例、《海商法》等的适用，具有专业性、技术性、涉外性强的特点。海事法院是审理海事案件的专门法院，具有专业化审判优势，由海事法院统一审理海洋环境监督管理部门和检察机关提起的海洋自然资源与生态环境损害赔偿诉讼，有利于审判质量保障和裁判尺度统一。

第四，海事行政公益诉讼案件从性质而言也属于海事行政案件，应当由海事法院专门管辖。随着海洋强国建设对海上法治环境提出更高的要求，涉海行政部门的执法力度进一步加强。海事法院属于跨行政区划设置的专门法院，由其审理海事行政案件，有利于克服地方保护主义，可以进一步为依法开展海洋执法活动提供有力的司法支持和监督，加大海洋环境的司法保护力度，也顺应了海事司法改革的需要。

第五，全国 11 个海事法院共设立了 40 余个派出法庭，还根据需要设立了巡回审判点，与海事法院管辖区域线长面广的特点相适应，增强了海事审判的服务功能，方便了当事人诉讼，已经成为海事司法保障沿海沿江地区经济发展与生态文明建设的重要前沿。

需要说明的是，《规定》第四条并未对海洋自然资源与生态环境刑事附带民事公益诉讼案件的管辖法院作出特别规定。主要理由是，根据 1984 年颁布的《全国人民代表大会常务委员会关于在沿海港口城市设立海事法院的决定》，海事法院不审理刑事案件。但是，随着“一带一路”

和海洋强国建设的不断推进，我国周边海洋形势面临着空前激烈的外部压力和挑战，亟须我国海事司法在彰显我国海洋主权、服务保障国家海洋建设等方面发挥更大的作用。为了满足国际、国内形势发展对海事审判工作的司法需求，从有利于发挥海事法院专业优势、有利于更好维护国家海洋权益出发，最高人民法院一直将海事法院试点管辖海事刑事案件、推进海事审判“三合一”，作为落实深化人民法院司法体制改革、服务保障国家重大战略要求的重要内容和具体措施。最高人民法院已指定宁波、海口海事法院作为试点法院审理了部分海上交通肇事罪和破坏海洋生态环境资源犯罪案件，取得了较好的效果。

实践证明，在海事法院实行海事刑事、民事和行政“三合一”审判，统一审理海洋自然资源与生态环境损害赔偿案件、破坏海洋生态环境资源犯罪及刑事附带民事环境公益诉讼案件、海事行政公益诉讼案件，可以在充分发挥海事法院专业化审判优势的同时，兼顾审判效率和裁判尺度的统一。目前，该项试点工作正在稳步推进。根据《检察公益诉讼解释》第二十条的规定，检察机关提起的刑事附带民事公益诉讼，由审理刑事案件的人民法院管辖。因此，如果破坏海洋生态环境资源犯罪案件属于海事法院试点管辖的刑事案件，则由海事法院一并管辖刑事附带民事公益诉讼案件；如果该刑事案件由其他人民法院管辖，则有关海洋自然资源与生态环境的刑事附带民事公益诉讼案件也由其他人民法院一并管辖，但海洋环境监督管理部门另行单独提起的海洋自然资源与生态环境损害赔偿，依然由海事法院专门管辖。

（六）关于法律适用

鉴于海洋自然资源与生态环境损害赔偿诉讼有其自身特殊实际和规律，《海洋环境司法解释》专门针对海洋自然资源与生态环境损害赔偿的管辖权、责任承担方式、损失赔偿范围、损失认定规则、船舶污染损害赔偿法律适用等问题作出了具体的特别规定。但早期由于对检察机关诉权问题存在不同认识，故司法实践中，该司法解释主要适用于海洋环境监督管理部门提起的损害赔偿诉讼。目前，在明确检察机关提起海洋环境公益诉讼权利的情况下，对审理此类纠纷的法律适用问题亦应当予以明确。鉴于司法解释行文规范，《规定》对法律适用问题没有作出专门规定。

但是，从《海洋环境司法解释》第一条的规定来看，为请求赔偿《海洋环境保护法》第八十九条第二款规定的海洋自然资源与生态环境损害而提起的诉讼，都适用该司法解释。考虑到无论是海洋环境监督管理部门还是检察机关提起的诉讼，都是针对《海洋环境保护法》第八十九条第二款所规定的破坏海洋生态、海洋水产资源、海洋保护区而造成的海洋自然资源与生态环境的损害赔偿，都是代表国家和社会公共利益，检察机关是在海洋环境监督管理部门没有提起诉讼的情况下，行使督促、协同、兜底的职能作用而提起的诉讼，不能因提起诉讼的主体不同而适用不同法律规定，从而导致不同的处理结果。因此，应当对《海洋环境司法解释》的适用范围作从宽解释，即人民法院审理检察机关就海洋自然资源与生态环境损害提起的公益诉讼，也应当适用《海洋环境司法解释》中的相关规定。

此外，《规定》针对海洋环境公益诉讼的诉权、管辖权等问题作出了规定，《检察公益诉讼解释》对检察机关提起的公益诉讼也作出了程序性规定。对于两个司法解释中有关管辖权等问题的规定，如有冲突，应当优先适用《规定》；《规定》没有作出规定，且其他相关海事司法解释也没有作出不同规定的，可以适用《检察公益诉讼解释》的规定。

最高人民法院
关于支持和保障全面深化前海深港现代服务业合作区改革开放的意见

2022年1月17日　　法发〔2022〕3号

为深入学习贯彻习近平新时代中国特色社会主义思想，全面贯彻落实习近平总书记在深圳经济特区建立40周年庆祝大会上的重要讲话精神，认真贯彻落实中共中央、国务院印发的《全面深化前海深港现代服务业合作区改革开放方案》，充分发挥司法服务保障职能，进一步推动前海深港现代服务业合作区（以下简称前海合作区）全面深化改革开放，建设中国特色社会主义法治示范区，结合人民法院工作实际，制定如下意见。

一、总体要求

1. 指导思想。以习近平新时代中国特色社会主义思想为指导，全面贯彻党的十九大和十九届历次全会精神，深入贯彻落实习近平法治思想，坚持依托香港、服务内地、面向世界，按照党中央、国务院决策部署，围绕前海合作区战略定位，推动改革与法治双轮驱动，服务深化深港更紧密合作。抓住粤港澳大湾区建设重要机遇，支持前海合作区在打造中国特色社会主义法治建设示范区方面先行先试、积极探索。支持港澳融入国家发展大局，与前海合作区携手共建国际一流湾区和世界级城市群，努力打造粤港澳大湾区全面深化改革创新试验平台和高水平对外开放门户枢纽。

2. 主要目标。推进与港澳法律规则衔接、机制对接，充分利用港澳在法治建设方面的成功经验和资源，提升深港法治交流合作水平。支持在前海合作区高标准建设深港国际法务区，率先开展试点、打造创新样本，助推其成为具有高度法治化营商环境的试点和示范，提升其在“双区”建设中的枢纽地位。扎实推进制度改革创新，推动现代服务业创新发展，提升法律事务对外开放水平，增强审判工作在粤港澳大湾区建设中的法治示范功能。为前海合作区2025年初步形成具有全球竞争力的营商环境，2035年达到世界一流营商环境打下坚实的法治基础。

二、提升法律事务对外开放水平

3. 完善前海合作区国际商事审判组织体系。支持在前海合作区进一步健全完善国际商事审判组织体系，构建公正、高效、便捷、低成本处理国际商事纠纷体制机制，打造粤港澳商事审判优选地。

4. 依法扩大涉外民商事案件受案范围。结合前海合作区发展空间扩展情况，科学调整相关人民法院涉外民商事纠纷管辖规则，支持前海合作区人民法院（以下简称前海法院）依法有序扩大涉外民商事案件管辖范围，支持依法试点受理没有连接点但当事人约定管辖的涉外民商事案件。

5. 简化涉港澳案件诉讼程序。按照相互尊重、求同存异、便利合法原则，支持前海法院简化港澳诉讼主体资格司法确认、授权委托见证、送达程序及诉讼证据审查认定。依法适用简易程序和独任制审理，提高涉港澳民商事纠纷诉讼效率。加强中国特色区际司法协助体系建设，探索建设粤港澳大湾区民商事司法协助电子平台，在涉港澳民商事案件中探索在当事人认可的前提下，由当事人、律师、公证机构等协助转送文书，提高送达效率。

6. 推进粤港澳司法研究平台建设。发展中国特色司法研究新型智库，支持设立粤港澳大湾区司法研究平台，以人员交流、问题研究、研讨培训为抓手，推进“一国两制三法域”框架下内地与港澳法律制度衔接、工作机制对接、国际商事规则比较等法律问题研究。

三、推动规则衔接和机制对接

7. 完善域外法查明和适用机制。建立完善人民法院审理案件中域外法查明与适用机制，探索建设统一的域外法查明平台，支持港澳法律专家在前海法院出庭提供法律查明协助，拓展域外法的查明渠道与方式。支持前海法院申请授权试点探索域外法适用机制，在不违反我国法律基本原则或者不损害国家主权、安全和社会公共利益的前提下，允许在前海合作区注册的港资、澳资、台资及外商投资企业协议选择域外法解决合同纠纷，或者适用国际条约、国际惯例和国际商事规则化解纠纷。

8. 建设国际商事争议解决中心。支持前海合作区率先建立诉讼、调解、仲裁既相互独立又衔接配合的国际商事争议解决中心。推动前海法院与知名国际商事仲裁机构、国际商事调解组织进行工作对接，健全“一站式”国际商事纠纷多元解决机制。进一步完善前海法院与港澳调解机构诉调对接机制，吸纳符合条件的港澳调解机构参与国际商事、知识产权等领域纠纷调解，支持港澳调解员及律师参与调解，探索由前海法院试点受理该类型调解协议的司法确认案件。探索建立港澳调解员在粤港澳大湾区执业统一资格认定制度，构建调解职业水准评价体系。

9. 构建港澳法律服务参与诉讼机制。推进落实符合条件的港澳律师在前海法院代理涉港澳民商事案件许可机制，逐步为符合条件的港澳律师在深圳其他地区担任诉讼代理人提供便利条件。

四、促进粤港澳司法交流与协助

10. 加大与港澳地区司法交流力度。推动简化跨境司法交流合作审批程序，支持前海合作区与港澳开展法律研讨、司法论坛、模拟法庭等交流活动，推动司法专业交流常态化、机制化。

11. 拓展深港澳司法人才交流渠道。坚持“高精尖”导向，加强高层次法治人才培养储备，细化法律研修学者、法律实习生制度，加大法治人才联合培养力度，形成具有国际视野、通晓国际法律规则、熟悉域外法律的涉外法律专业人才梯队。

五、全面深化改革创新

12. 支持打造国际一流营商环境。健全前海合作区外资、民营企业等投资者权益的司法保护机制，坚持各类市场主体诉讼地位平等、法律适用平等、法律责任平等，依法保护进行跨境商业投资的企业与个人的合法权益，以一流的市场化法治化国际化营商环境支持和引导现代服务业发展。

13. 支持海洋中心城市建设。服务保障国家海洋战略实施，支持广州海事法院深圳法庭建设，妥善审理海事案件，提升海事审判工作国际影响力。加强与前海合作区海事法律咨询、海事仲裁等法律服务机构的工作衔接，支持深圳国际仲裁院海事仲裁中心建设，打造多元化国际海事法律服务中心。

14. 加大知识产权司法保护力度。支持深圳知识产权法庭建设和知识产权审判改革创新，探索人工智能、互联网信息、生命信息等新类型数字化知识产权财产权益法律保护新模式。完善重点领域核心技术知识产权保护规则。完善司法裁判规则，加大针对网络环境下垄断和不正当竞争行为的制裁力度。持续实施最严格的知识产权保护制度，严格落实知识产权侵权惩罚性赔偿制度。联合中国（深圳）知识产权保护中心、国家版权创新发展基地、国家海外知识产权纠纷应对指导中心深圳分中心等机构，加强知识产权“一站式”协同保护平台建设，推动健全知识产权多元化纠纷解决机制和快速维权机制，完善知识产权案件跨境协作机制。

15. 提升智慧法院诉讼服务水平。支持前海法院加强智慧法院建设，以“一网通办”“一次办好”为目标，完善国际化、标准化、智能化诉讼服务平台建设，着力构建全流程在线诉讼新机制和诉讼服务新模式，加强与港澳诉讼服务对接，为境内外当事人提供便捷、高效、低成本的纠纷解决服务。

六、加强组织保障

16. 加强组织领导。要深入贯彻新时代党的建设总要求，深入贯彻党的十九大和十九届历次全会精神，认真贯彻落实习近平总书记在庆祝中国共产党成立100周年大会上重要讲话精神。要以支持保障全面深化前海合作区改革开放为契机，进一步深化人民法院司法体制综合配套改革，坚持系统观念，强化统筹协调，确保各项改革于法有据、协调推进，确保各项举措务实管用、科学有效。

17. 完善工作机制。最高人民法院各有关单位要加强条线指导，第一巡回法庭和第一国际商事法庭要增强做好服务党中央重大决策部署的主动性、前瞻性，充分利用派驻深圳的便利条件，立足司法职能，主动服务前海合作区全面深化改革重大战略，持续推进改革进程。广东省高级人民法院和深圳市中级人民法院要压实主体责任，强化督促落实，积极争取有关部门支持，凝聚服务保障合力，加快推动各项建设和改革任务落地见效。

最高人民法院

关于支持和保障横琴粤澳深度合作区建设的意见

2022年1月17日　　　　法发〔2022〕4号

为深入学习贯彻习近平新时代中国特色社会主义思想，全面贯彻落实习近平总书记关于粤澳合作开发横琴的重要指示精神，认真贯彻落实中共中央、国务院印发的《横琴粤澳深度合作区建设总体方案》，充分发挥司法服务保障职能作用，为横琴粤澳深度合作区（以下简称横琴合作区）建设提供优质的司法服务和更加有力的司法保障，结合人民法院工作实际，制定如下意见。

一、总体要求

1. 指导思想

以习近平新时代中国特色社会主义思想为指导，全面贯彻党的十九大和十九届历次全会精神，深入贯彻落实习近平法治思想，按照党中央、国务院决策部署，创新完善司法政策，统筹推进粤澳法治深度合作，全面推进法治建设，促进澳门经济适度多元发展，支持澳门长期繁荣稳定和进一步融入国家发展大局。

2. 主要目标

进一步解放思想，坚持改革创新，在“一国两制”制度下推进与澳门法律规则衔接、机制对接，积极参与横琴合作区条例制定，提升内地与澳门司法交流合作水平。努力营造横琴合作区安全稳定、透明有序、互利共赢的法治环境，全力推进新时代珠海经济特区“二次创业”，为助力粤港澳大湾区建设作出积极贡献。

二、推动规则衔接和机制对接

3. 完善域外法查明和适用机制。支持在横琴粤澳深度合作区人民法院（以下简称横琴法院）设立域外法查明机构，重点加强包括葡语系国家（地区）、澳门在内的域外法查明服务，支持境内外法律专家在横琴法院出庭提供法律查明协助。支持横琴法院申请授权试点探索域外法适用机制，在不违反我国法律基本原则或者不损害国家主权、安全和社会公共利益的前提下，允许在横琴合作区注册的港资、澳资、台资及外商投资企业协议选择域外法解决合同纠纷，或者适用国际条约、国际惯例和国际商事规则化解纠纷。

4. 构建多元化商事纠纷解决机制。支持横琴法院深化“一站式”多元解纷机制建设，鼓励其与国内外商事仲裁机构、调解组织及其他法律服务机构进行工作对接，推动社会解纷资源的合理配置和高效利用。支持横琴法院与葡语系国家（地区）相关机构开展合作，吸纳符合条件的外国及港澳地区调解组织、调解员参与国际商事、知识产权等领域纠纷调解，探索由横琴法院试点受理该类型调解协议的司法确认案件。

三、强化横琴法院职能作用

5. 深化体制机制改革。支持横琴法院根据其自身职能定位和横琴合作区发展需要，依法申请授权在组织体系、机构设置、功能定位等方面深化改革创新，努力打造彰显“一国两制”优势的新型示范法院。

6. 推动优化法治营商环境。妥善审理公司、金融、知识产权及消费者权益保护等类型案件，平等保护横琴合作区各类市场主体合法权益，维护市场主体的投资信心，构建以保护产权、维护契约、公平竞争、有效监管、统一市场为基本导向的市场化法治化国际化营商环境。

7. 提升智慧法院诉讼服务水平。支持横琴法院加强智慧法院建设，以“一网通办”“一次办好”为目标，完善国际化、标准化、智能化诉讼服务平台建设，着力构建全流程在线诉讼新机制和诉讼服务新模式，加强与港澳诉讼服务对接，为境内外当事人提供便捷、高效、低成本的纠纷解决服务。

8. 积极延伸司法职能。与横琴合作区职能部门建立会商研究、风险预警机制，加强对于涉港澳企业案件的梳理分析，定期通报典型案例或相关情况，为企业防范法律风险提供参考，发挥司法引导功能。

四、深化粤港澳司法协作交流

9. 简化涉港澳案件诉讼程序。支持横琴法院简化港澳诉讼主体资格司法确认、授权委托见证、送达程序及诉讼证据审查认定。支持横琴法院与澳门特别行政区法院建立直接委托送达和调取证据机制，提高涉港澳民商事纠纷诉讼效率。

10. 加强与港澳地区司法交流力度。落实珠澳法院互访和日常交流机制，推动简化跨境司法交流合作审批程序，加强粤港澳三地司法部门的交流合作，就粤港澳司法资源共享、业务培训与课题研究等方面加强交流学习，培养具有国际化视野、专业化能力的人才队伍。

五、加强组织保障

11. 加强组织领导。要深入贯彻新时代党的建设总要求，深入贯彻党的十九大和十九届历次全会精神，认真贯彻落实习近平总书记在庆祝中国共产党成立 100 周年大会上重要讲话精神。要以粤港澳大湾区发展和横琴合作区建设为契机，进一步深化人民法院司法体制综合配套改革，坚持系统观念，强化统筹协调，确保各项改革于法有据、协调推进，确保各项举措务实管用、科学有效。

12. 完善工作机制。最高人民法院各有关单位要加强条线指导，第一巡回法庭和第一国际商事法庭要增强做好服务党中央重大决策部署的主动性、前瞻性，充分利用派驻广东的便利条件，立足司法职能，主动服务横琴合作区建设重大战略，持续推进改革进程。广东省高级人民法院要压实主体责任，强化督促落实，积极争取有关部门支持，凝聚服务保障合力，加快推动各项建设和改革任务落地见效。

【请示与答复】

（一）申请确认仲裁协议效力案件

最高人民法院
关于陶某某申请确认仲裁协议效力一案的复函

2022年1月19日　　　　　　　　　　（2021）最高法民他441号

北京市高级人民法院：

你院（2021）京民他230号《关于申请人陶某某、万某某、李某某、王某某与被申请人中信建投证券股份有限公司申请确认仲裁协议效力案的请示》收悉。经研究，答复如下：

根据你院请示，陶某某等与中信建投证券股份有限公司（以下简称中信公司）于2017年3月签订的《融资融券业务合同书》第八十条对"合同的变更"进行了约定。根据该约定，除相关法律、行政法规、规章、规范性文件及相关规则被修订导致合同变更的情形外，其他涉及合同需修改或增补的情形，中信公司将修改或增补的内容在该公司网站或该公司营业场所以公告形式通知陶某某等，双方无须再签署相关补充协议。合同第九十五条关于"争议处理"事项的约定，明确合同争议由人民法院主管。

鉴于当事双方签订合同时，均没有"请求仲裁的意思表示"，且未明示相关合同变更条款适用于争议解决。中信公司在合同履行过程中以单方公告的方式对合同实体权利义务的变更，其效力并不及于合同中的争议解决条款。中信公司即使在公告中表达了单方的仲裁意愿，也不足以形成合同争议解决条款变更的双方合意。综上所述，同意你院关于本案仲裁条款不成立的处理意见。

此复

附：

北京市高级人民法院
关于申请人陶某某、万某某、李某某、王某某与被申请人中信建投证券股份有限公司申请确认仲裁协议效力案的请示

2021年10月18日　　　　（2021）京民他230号

最高人民法院：

北京市第四中级人民法院受理了申请人陶某某、万某某、李某某、王某某四人与被申请人中信建投证券股份有限公司申请确认仲裁协议效力的四个案件，案号分别为：（2021）京04民特188号、189号、190号、216号，经审查，拟认定申请人与中信建投证券股份有限公司之间的仲裁协议未成立。根据《最高人民法院关于仲裁司法审查案件报核问题的有关规定》第三条的规定，现将该案有关情况报告并请示如下。

一、当事人基本情况：

申请人（仲裁被申请人）：陶某某，女，汉族，住浙江省台州市椒江区。

申请人（仲裁被申请人）：万某某，女，汉族，住浙江省台州市椒江区。

申请人（仲裁被申请人）：李某某，女，汉族，住浙江省台州市椒江区。

申请人（仲裁被申请人）：王某1，女，汉族，住浙江省台州市椒江区。

被申请人（仲裁申请人）：中信建投证券股份有限公司，住所地北京市朝阳区。

法定代表人：王某2，董事长。

二、申请人申请及被申请人答辩情况

陶某某等四位申请人主张：请求确认中信建投证券股份有限公司（以下简称中信公司）于2020年6月30日单方面发出的关于变更管辖的公告“将争议解决方式统一为北京仲裁委员会”的条款无效，对陶某某等申请人不产生效力。

事实与理由：陶某某等四位申请人（甲方）与中信公司（乙方）于2017年3月签署《融资融券业务合同书》，其中第十八章“法律适用与争议解决”中第九十五条“争议处理”约定：本合同执行中如发生争议，由双方友好协商解决。协商不成的，双方同意采取以下第二种方式解决。第二种方式为：向乙方所在地人民法院提起诉讼。2020年6月30日，中信公司于其官网发布“关于《融资融券交易风险揭示书》《融资融券业务合同书》条款变更的公告”，其中第八条内容为：将争议解决方式统一为北京仲裁委员会仲裁。后中信公司依据公告中变更的争议解决方式，向北京仲裁委员会提起仲裁。申请人认为，双方有明确书面管辖约定的，应该从其约定，商事仲裁须由争议双方达成明确的书面协议。本案中双方明确约定的争议解决方式为向中信公司所在地法院提起诉讼，而非向北京仲裁委员会提起仲裁，中信公司以公告的方式随意变更涉及双方重大权利义务事项的合同内容及条款，严重侵害申请人的程序及实体权益。按照《仲裁法》第十七条、第十八条及《最高人民法院关于适用〈中华人民共和国仲裁法〉若干问题的解释》的规定，请求法院确认中信公司以在官网公告方式单方面变更争议解决方式的条款对申请人不产生效力。

中信公司称，不同意申请人的申请。具体理由如下。

第一，本案双方签订《融资融券业务合同书》，约定中信公司可通过公告方式变更合同，申请人对变更有权提出异议并解除合同。2020 年 6 月 30 日，中信公司依约以公告方式将争议解决条款变更为北京仲裁委员会管辖后，申请人对此未提出任何异议，因此，双方已就仲裁条款达成一致，且该条款已经生效。

2017 年 3 月，本案双方签订了《融资融券业务合同书》（以下简称《合同（签订版）》），其第八十条第三款明确约定："除以上情形外，本合同如需修改或增补，如乙方因自身业务规则调整等，乙方将修改或增补的内容在乙方网站或乙方营业场所以公告形式通知甲方，自公告中确定的生效之日起生效，双方无须再签署相关补充协议。甲方可对以上修改或增补内容在生效之日前向乙方书面提出异议，双方协商不一致的，应立即了结所有融资融券交易，解除本合同。"

2020 年 6 月 30 日，中信公司依据合同约定在公司网站上发布了变更合同条款的公告，变更并形成了《融资融券业务合同书》（以下简称《合同（2020 年版）》），该合同第九十六条约定，因本合同引起的争议由北京仲裁委员会管辖。根据变更公告，合同变更将于首只注册制创业板股票上市之日起正式生效，通过公开报道可知，首批 18 只注册制创业板股票于 2020 年 8 月 24 日成功上市，申请人在近两个月的时间内从未对此次合同变更内容提出过任何异议。由此可见，本案双方已经就仲裁条款达成一致，中信公司并未单方变更合同条款，且该仲裁条款已于 2020 年 8 月 24 日正式生效。

此外，需要特别说明的是，由于融资融券业务所涉投资者众多，证券公司变更合同内容时，与投资者逐一签署补充协议的效率极低，因此，在融资融券业务合同中约定证券公司以公告方式变更合同，保留投资者提出异议和解约的权利，是融资融券业务中的交易惯例，目前，市场上基本都是采用这种方式变更合同条款。

第二，《合同（2020年版）》中的仲裁条款不存在《仲裁法》第十七条、第十八条及其司法解释所规定的任何无效事由。根据《仲裁法》第十七条、第十八条以及《最高人民法院关于适用〈中华人民共和国仲裁法〉若干问题的解释》第五条至第七条的规定，仲裁协议无效的法定事由包括以下四种：（1）约定的仲裁事项超出法律规定的仲裁范围；（2）无民事行为能力人或者限制民事行为能力人订立的仲裁协议；（3）一方采取胁迫手段，迫使对方订立仲裁协议；（4）仲裁机构选定不明确或者同时约定仲裁与诉讼。本案中，双方订立的仲裁条款根本不存在前述任何一项无效事由，且申请人亦未就存在无效事由提供任何证据予以证明。因此，申请人要求人民法院根据前述条款确认本案仲裁条款无效，不存在任何事实和法律基础。

第三，《合同（签订版）》约定了投资者不同意合同变更时提出异议和解约的权利，而且在签约时中信公司已向申请人就合同内容进行了详细讲解，申请人对于合同条款是明知且理解的，中信公司未侵犯其任何权益。如上所述，根据《合同（签订版）》第八十条第三款的约定，合同变更自公告中确定的生效之日起生效，投资者有权在生效之日前书面提出异议，双方不能协商一致的，投资者有权结束全部交易并解除合同。由此可见，虽然合同约定中信公司可以变更合同内容，但是亦给予了申请人提出异议和解除合同的权利。本案中，申请人从未就合同变更事宜提出异议，亦未解除合同，足以说明其已同意合同变更。

此外，在双方签约之时，中信公司的客户经理就向申请人详细讲解了案涉合同的条款，申请人在《融资融券交易风险揭示书》中已经对此进行了确认，在中信公司对申请人的电话回访中，申请人也明确表示客户经理已经对签订的两份《融资融券业务合同书》、两份《融资融券交易风险揭示书》进行过详细的讲解。由此可见，申请人签约时对于合同条款都是明知并理解的，根本不存在中信公司侵犯其权益的情况。

第四，申请人提起仲裁协议无效的理由是双方不存在仲裁协议，《仲裁法》规定中没有双方不存在仲裁协议的理由，申请人应当通过仲裁管辖权异议程序中提出主张。证券公司都会以公告方式变更合同，投资者有异议可以协商，协商不成可以解约，这是行业惯例。

三、法院查明的事实

2017年3月，陶某某等四位申请人（甲方）和中信公司（乙方）签订《合同（签订版）》，约定双方因融资融券行为而形成债权债务关系。合同第八十条合同变更条款约定："……（二）前项所述法律、行政法规、规章、规范性文件及规则被修订，本合同相关条款与其中规定存在差异，乙方认为应进行修订的，有关内容将由乙方在其营业场所或网站以公告方式通知甲方，相关修订和变更自公告中确定的生效之日起生效，双方无须再签署相关补充协议。（三）除以上情形外，本合同如需修改或增补，例如乙方因自身业务规则调整等，乙方将修改或增补的内容在乙方网站或乙方营业场所以公告形式通知甲方，自公告中确定的生效之日起生效，双方无须再签署相关补充协议。甲方可对以上修改或增补内容在生效之日前向乙方书面提出异议，双方协商不一致的，应立即了结所有融资融券交易，解除本合同。"合同第九十五条争议处理条款约定："本合同执行中如发生争议，由双方友好协商解决。协商解决不成的，双方同意采取以下第二种方式解决：……（二）向乙方住所地人民法院提起诉讼。"

2020年6月30日，中信公司在其官网上发布"关于《融资融券交易风险揭示书》《融资融券业务合同书》条款变更的公告"，公告变更前述合同的部分内容，包括变更争议管辖条款为"将争议解决方式统一为北京仲裁委员会"。

在该院审查过程中，申请人明确表示，其主张上述变更争议管辖条款无效，实际意思是要求法院确认双方之间不存在仲裁协议。

四、北京市第四中级人民法院拟处理意见

该院拟确认申请人与中信公司之间不存在仲裁协议。理由如下。

第一，申请人以仲裁协议未成立为由要求确认中信公司主张的仲裁协议对其不发生效力，属于申请确认仲裁协议效力案件。

本案申请人依据《仲裁法》第十七条、第十八条请求确认中信公司于2020年6月30日单方面发出的关于变更管辖的公告“将争议解决方式统一为北京仲裁委员会”的条款无效，对陶某某等申请人不产生效力。经北京市第四中级人民法院释明，申请人称其真实意思是主张其与中信公司之间未成立仲裁协议，案涉仲裁协议对其不产生效力；中信公司则认为申请人的主张应通过仲裁管辖权异议程序提出，当事人之间是否存在仲裁协议不属于本案审查范围。

合议庭认为，仲裁协议是否存在并有效、仲裁协议对当事人是否具有约束力，是决定仲裁机构取得仲裁权而排除法院管辖的依据。本案中，申请人主张中信公司单方以公告方式变更纠纷解决方式的条款无效，实质是主张仲裁协议未成立，而仲裁协议成立问题亦属于确认仲裁协议效力的审查范围。

第二，案涉仲裁协议未成立。

本案中，中信公司依据《合同（签订版）》第八十条，称其有权依约对合同进行修改或增补，并可通过己方网站或营业场所以发布公告形式通知相对方合同变更内容，如相对方未在规定期限内提出异议，合同变更内容即自在公告中确定的生效之日起生效；申请人则认为中信公司无权以公告的方式随意变更涉及双方重大权利义务事项的合同内容，包括争议解决方式条款。

合议庭认为，本案争议的焦点在于中信公司能否依据《合同（签订版）》第八十条的约定，单方变更纠纷解决方式条款。

首先，《合同（签订版）》第八十条系中信公司一方提供的格式条款。按照法律规定，对格式条款的理解发生争议的，应当按照通常理解予以解释。对格式条款有两种以上解释的，应当作出不利于提供格式条款一方的解释。本案中，《合同（签订版）》第八十条约定中信公司有权变更合同的情形包括“本合同如需修改或增补，例如乙方因自身业务规则调整等”，从条文的字面意思看，中信公司可以调整的合同范围侧重于自身业务规则，未明确包含争议解决条款。

其次，《合同（签订版）》第八十条对合同的变更主体、要约和承诺的作出方式、合同生效条件均进行特殊规定，上述规定使中信公司在合同地位上已处于优势。而仲裁协议有排除诉讼管辖的效力，争议解决条款与当事人利益密切相关，且具有独立性。因此，争议解决条款的变更应当由双方当事人专门协商，以达成一致意见为准；或者对争议解决条款的变更方式作出明确约定，明确单方可以以公告的形式进行变更。在合同未约定明确争议解决条款变更方式的情况下，有必要给予相对方倾斜性的保护，即作出不利于提供格式条款提供一方的解释。

此外，从实际操作层面看，中信公司提供了对申请人办理融资融券业务进行回访的录音，但是内容并未涉及争议解决方式的变更问题。既然中信公司可以对投资方一一进行电话回访，也应当有条件和能力就争议解决条款的变更和申请人一一进行协商。中信公司称通过公告方式变更合同内容系商业惯例，但是合同的内容应有一定的限制和范围，从具体内容看，应包括法律、行政法规、规章、规范性文件及规则被修订的情形，或者中信公司自身业务规则调整的情形等，并不包括具有相对独立性的争议解决条款。此外，中信公司亦未能提供证据证明其通过公告方式变更争议解决条款属于商业惯例。

最后，如果允许中信公司通过单方公告的方式对争议解决条款进行变更，会导致程序、实体上的不公平，不符合当事人应当遵守诚信原则的价值判断。按照中信公司的主张，其有权通过单方公告的方式变更争议解决条款，如本案中其主张的将诉讼变更为仲裁，相对方有权在合理期限内提出异议。申请人看到了公告并向中信公司提出异议，如申请人不同意变更，则双方就争议解决方式无法达成一致意见，按照中信公司的主张，申请人只能结束全部交易并提出解除合同，这显然不能公平保护申请人的权益。

综上所述，鉴于《合同（签订版）》第八十条未明确约定本案被申请人中信公司可以通过单方公告的形式对争议解决条款进行变更，本案申请人均不认可该变更的效力，故合议庭认为中信公司与申请人之间尚未达成仲裁合意，双方当事人之间不存在仲裁协议。

五、我院拟处理意见

我院认为，中信公司与其合同相对方陶某某、万某某、李某某、王某某并未就以仲裁方式解决双方争议达成一致，仲裁条款未成立。《仲裁法》第十九条第一款规定："仲裁协议独立存在，合同的变更、解除、终止或者无效，不影响仲裁协议的效力。"仲裁条款本身独立于合同其他实体条款，是一项独立的契约。仲裁条款与合同其他条款的达成应当视为两个不同的合意，即仲裁的合意与实体的合意。本案中，双方在《合同（签订版）》中并未约定仲裁条款，中信公司于 2020 年 6 月 30 日在其官网上发布"关于《融资融券交易风险揭示书》《融资融券业务合同书》条款变更的公告"，将争议管辖条款从诉讼方式变更为"将争议解决方式统一为北京仲裁委员会"，属于就争议解决方式向合同相对方发出的新要约。而陶某某、万某某、李某某、王某某并未对此项要约作出承诺。相反，陶某某、万某某、李某某、王某某向北京市第四中级人民法院提起了诉讼，故本院认定中信公司与陶某某、万某某、李某某、王某某未达成仲裁协议。虽然《合同（签订版）》第八十条约定，合同如需修改或增补，乙方将修改或增补的内容在乙方网站或乙方营业场所以公告形式通知甲方，双方无须再签署相关补充协议，但该约定并未将争议解决条款明确包括在内。鉴于仲裁条款独立性的特点，如果中信公司变更上述条款，应当与其合同相对方另行签署新的协议，就仲裁条款达成一致。

综上所述，我院同意北京市第四中级人民法院的处理意见，拟认定仲裁条款不成立。根据《最高人民法院关于仲裁司法审查案件报核问题的有关规定》第三条之规定，特向贵院报告。

以上意见妥否，请批示。

最高人民法院

关于深圳市安吉尔环保技术有限公司与苏州金螳螂建筑装饰股份有限公司申请确认仲裁协议效力一案的复函

2022 年 1 月 27 日　　　　　　　　（2021）最高法民他 473 号

江苏省高级人民法院：

你院（2021）苏民他 78 号《关于深圳市安吉尔环保技术有限公司与苏州金螳螂建筑装饰股份有限公司申请确认仲裁协议效力一案的请示》收悉。经研究，答复如下：

深圳市安吉尔环保技术有限公司（以下简称安吉尔公司）与苏州金螳螂建筑装饰股份有限公司（以下简称金螳螂公司）订立《材料采购合同》。合同约定："由于本合同履行过程中发生的或与之有关的任何争议或请求，提交苏州仲裁委员会仲裁。"当事人因合同履行发生的争议，本应按照约定通过仲裁解决，但金螳螂公司向人民法院提起侵权之诉，安吉尔公司应诉、答辩、参加法庭调查和辩论，未对人民法院受理该案提出异议。《中华人民共和国仲裁法》第二十六条规定："当事人达成仲裁协议，一方向人民法院起诉未声明有仲裁协议，人民法院受理后，另一方在首次开庭前提交仲裁协议的，人民法院应当驳回起诉，但仲裁协议无效的除外；另一方在首次开庭前未对人民法院受理该案提出异议的，视为放弃仲裁协议，人民法院应当继续审理。"据此，金螳螂公司与安吉尔公司前述行为，依法应视为放弃仲裁协议。至于起诉后又撤回起诉，不影响双方在诉讼中对放弃仲裁协议已达成合意。金螳螂公司向人民法院提起侵权之诉与以合同纠纷为由向仲裁机构申请仲裁所涉争议，均系因履行案涉合同发生的或与之有关的争议。

综上所述，同意你院关于案涉仲裁协议已失效的请示意见。

此复

附：

江苏省高级人民法院
关于深圳市安吉尔环保技术有限公司与
苏州金螳螂建筑装饰股份有限公司
申请确认仲裁协议效力一案的请示

2021 年 11 月 12 日　　　　　　　　　　　（2021）苏民他 78 号

最高人民法院：

申请人深圳市安吉尔环保技术有限公司（以下简称安吉尔公司）与苏州金螳螂建筑装饰股份有限公司（以下简称金螳螂公司）申请确认仲裁协议效力一案，江苏省苏州市中级人民法院（以下简称苏州中院）经审查后拟裁定案涉仲裁协议失效，并就此报送我院审查。我院经审查后形成两种意见，其中多数意见拟同意苏州中院的意见。根据《最高人民法院关于仲裁司法审查案件报核问题的有关规定》，现将本案有关情况向贵院报告如下。

一、当事人基本情况

申请人：安吉尔公司。住所地：广东省深圳市光明区凤凰街道塘家社区。

法定代表人：杨某，该公司总经理。

被申请人：金螳螂公司。住所地：江苏省苏州工业园区民营工业区内。

法定代表人：王某某。该公司董事长。

二、当事人主张

安吉尔公司申请确认案涉仲裁条款已失效。2018 年 12 月 9 日，安吉尔公司与金螳螂公司签订《材料采购合同》，合同第十四条第一款约定："由于本合同履行过程中发生的或与之有关的任何争议或请求，提交苏州仲裁委员会仲裁。" 2020 年 6 月 17 日，金螳螂公司以安吉尔公司提供的净水器产品存在缺陷为由向重庆市渝中区人民法院提起诉讼，安吉尔公司应诉、答辩，并在法庭主持下参与了法庭调查、法庭辩论与最后陈述。之后，金螳螂公司于 2020 年 12 月 25 日向重庆市渝中区人民法院提出撤诉申请，该院裁定予以准许。在庭审质证环节双方对《材料采购合同》第十四条第一款仲裁条款均没有提出异议，双方以默示的方式变更了原仲裁条款，即排除了仲裁条款对解决双方争议的适用。在原仲裁条款失效后，金螳螂公司于 2021 年 3 月 9 日又向苏州仲裁委员会提起仲裁申请，不符合法律规定。

金螳螂公司辩称，安吉尔公司的请求没有任何事实及法律依据，请求依法予以驳回。首先，金螳螂公司提起的重庆市渝中区人民法院（2020）渝 0103 民初 24747 号民事诉讼是基于侵权之债所提起的诉讼。根据《民事诉讼法》第二十八条的规定，因侵权行为提起的诉讼，由侵权行为地或者被告住所地人民法院管辖。因此根据法律规定，金螳螂公司向侵权行为发生地法院重庆市渝中区人民法院提起诉讼，符合法律规定。其次，金螳螂公司向苏州仲裁委员会提起的仲裁，是依据双方买卖合同的约定提起的合同纠纷之债，与前案并没有任何关联。最后，安吉尔公司与金螳螂公司在买卖合同中订立了仲裁协议，且该协议不存在

《仲裁法》规定的无效的事由，故金螳螂公司向苏州仲裁委员会提起的仲裁，符合《仲裁法》《民事诉讼法》的相关规定。

三、苏州中院查明的事实

金螳螂公司、安吉尔公司于 2018 年 12 月签订《材料采购合同》，约定金螳螂公司向安吉尔公司采购价款为 43800 元的货物。该合同第十四条第一款约定："由于本合同履行过程中发生的或与之有关的任何争议或请求，提交苏州仲裁委员会仲裁。"

2020 年 6 月 17 日，金螳螂公司以安吉尔公司在上述《材料采购合同》项下供应的净水器接口管件破裂漏水导致其装饰工程受损构成侵权为由，向重庆市渝中区人民法院起诉要求安吉尔公司赔偿损失 237280 元，并以深圳安吉尔饮水产业集团有限公司系安吉尔公司的唯一股东而主张其承担连带责任。重庆市渝中区人民法院立案受理后，于 2020 年 11 月 25 日组织各方当事人开庭审理，安吉尔公司到庭应诉、答辩，并参加法庭调查、法庭辩论。庭审中，各方均未提出《材料采购合同》中有仲裁条款的约定。之后，金螳螂公司向重庆市渝中区人民法院提出撤诉申请，重庆市渝中区人民法院于 2020 年 12 月 30 日作出（2020）渝 0103 民初 24747 号民事裁定书，裁定准许金螳螂公司撤回起诉。

2021 年 3 月 9 日，金螳螂公司以安吉尔公司在上述《材料采购合同》项下供应的净水器接口管件破裂漏水导致其装饰工程受损构成违约为由，向苏州仲裁委员会申请仲裁要求安吉尔公司赔偿损失 228100 元及违约金 13140 元，苏州仲裁委员会受理该案，案号为（2021）苏仲裁字第 0167 号。

四、苏州中院处理意见

苏州中院认为，首先《材料采购合同》的争议解决条款明确约定了协议履行过程中的相关争议提交苏州仲裁委员会仲裁解决，本案亦不存在《仲裁法》第十七条规定的仲裁协议无效情形，故应认定仲裁协议合法有效。虽然金螳螂公司向重庆市渝中区人民法院起诉时系以安吉尔公司构成侵权为由提起诉讼，但其主张的基础事实仍是双方在《材料采购合同》项下的履行行为，故其就该案提起的诉讼属于因案涉合同履行过程中产生的争议，系双方在《材料采购合同》中约定的仲裁范围。

其次，《仲裁法》第二十六条规定："当事人达成仲裁协议，一方向人民法院起诉未声明有仲裁协议，人民法院受理后，另一方在首次开庭前提交仲裁协议的，人民法院应当驳回起诉，但仲裁协议无效的除外；另一方在首次开庭前未对人民法院受理该案提出异议的，视为放弃仲裁协议，人民法院应当继续审理。"本案中，金螳螂公司就合同履行中产生的争议提起了诉讼，重庆市渝中区人民法院受理案件后，安吉尔公司到庭应诉、答辩，并参加法庭调查和法庭辩论，并未对人民法院受理该案提出异议，故应认定双方通过诉讼放弃了仲裁协议。虽然金螳螂公司之后撤回了对于该案的起诉，但这并不影响对双方当事人已通过诉讼放弃仲裁协议的认定。因此，安吉尔公司主张案涉仲裁协议已失效，于法有据，应予支持。

综上所述，苏州中院依照《仲裁法》第二十六条的规定，拟裁定：安吉尔公司与金螳螂公司于2018年12月签订的《材料采购合同》中的仲裁协议失效。申请费400元，由被申请人金螳螂公司负担。

五、我院审查意见

经审查，我院形成两种意见，并以多数意见上报请示。

（一）少数意见

少数意见拟不同意苏州中院的处理意见，本案应认定案涉仲裁条款有效。主要理由如下：金螳螂公司撤回起诉相当于未起诉，从有利于促进支持仲裁的角度出发，应认定案涉仲裁协议有效，且苏州仲裁委员会已经受理该案。

（二）多数意见

多数意见拟同意苏州中院意见，本案应认定案涉仲裁条款已经失效。

主要理由如下。

虽然双方当事人在《材料采购合同》中明确约定了与该合同履行有关的任何争议提交苏州仲裁委员会仲裁解决，但是双方当事人均用行为表明放弃案涉仲裁条款，并接受人民法院诉讼管辖。前案中，金螳螂公司作为原告向重庆市渝中区人民法院起诉，安吉尔公司到庭应诉、答辩、参加法庭调查和法庭辩论，且未对人民法院受理该案提出异议。依照《仲裁法》第二十六条的规定，可以认定双方当事人已经放弃仲裁协议，案涉仲裁协议已经失效。

本案中，金螳螂公司辩称本案为合同之债，与前案侵权之债没有关联，其仍可以依据《材料采购合同》中的仲裁条款提起仲裁。本院认为，金螳螂公司的抗辩不能成立。前案的侵权之诉与本案的合同之诉均是双方当事人因案涉合同项下交付的净水器接口管件破裂漏水而引起的财产权益纠纷，属于案涉仲裁协议所约定的仲裁范围。现因案涉仲裁协议已经失效，金螳螂公司向苏州仲裁委员会提起仲裁没有法律依据，安吉尔公司申请确认案涉仲裁协议已失效的主张可以成立。

因我院拟认定案涉仲裁协议失效，且双方当事人住所地跨省级行政区域，依照《最高人民法院关于仲裁司法审查案件报核问题的有关规定》第三条、第七条的规定，特向贵院请示，请予批复。

最高人民法院

关于山东三箭建设工程股份有限公司与定远伟光汇通古镇文化旅游开发有限公司建设工程施工合同纠纷管辖权异议一案的复函

2022年1月27日　　　　　　　　（2021）最高法民他481号

安徽省高级人民法院：

你院（2021）皖民辖终75号《关于山东三箭建设工程股份有限公司与定远伟光汇通古镇文化旅游开发有限公司建设工程施工合同纠纷管辖权异议一案的报告》收悉。经研究，答复如下：

根据你院报告所述事实，山东三箭建设工程股份有限公司根据两份建设工程施工合同提起本案诉讼，其中，2018年8月31日订立的合同约定“因合同及合同有关事项发生的争议‘向项目所在地仲裁委员会申请仲裁’”。《中华人民共和国仲裁法》第十条第一款规定：“仲裁委员会可以在直辖市和省、自治区人民政府所在地的市设立，也可以根据需要在其他设区的市设立，不按行政区划层层设立。”本案所涉项目虽然位于定远县，但对于项目所在地仲裁机构的审查，应按照上述规定，以设区的市为标准作出认定。你院对项目所在地设区的市设立仲裁机构的情况未予审查，直接以定远县无仲裁委员会为由认定案涉仲裁协议无效，适用法律不当。

综上所述，不同意你院认定2018年8月31日合同中仲裁条款无效的意见。你院应进一步查明相关仲裁机构的设立情况后依法对案涉仲裁协议的效力作出认定。

此复

附：

安徽省高级人民法院
关于山东三箭建设工程股份有限公司与定远伟光汇通古镇文化旅游开发有限公司建设工程施工合同纠纷管辖权异议一案的报告

2021 年 10 月 28 日　　　　（2021）皖民辖终 75 号

最高人民法院：

原告山东三箭建设工程股份有限公司（以下简称三箭公司）与被告定远伟光汇通古镇文化旅游开发有限公司（以下简称伟光公司）建设工程施工合同纠纷管辖权异议一案，伟光公司不服安徽省滁州市中级人民法院（2021）皖 11 民初 278 号民事裁定，向本院提出上诉，本院于 2021 年 10 月 19 日立案受理后，依法组成合议庭进行审理，认为案涉仲裁条款无效，安徽省滁州市中级人民法院对该案具有管辖权，拟驳回上诉，维持原裁定。根据《最高人民法院关于仲裁司法审查案件报核问题的有关规定》第七条的规定，将本案报请审核。现将审理情况报告如下。

一、当事人的基本情况

上诉人（一审被告）：伟光公司，住所地：安徽省定远县定城镇。

法定代表人：潘某某，该公司执行董事。

被上诉人（一审原告）：三箭公司。住所地：山东省济南市济阳县。

法定代表人：焦某，该公司董事长。

二、一审审理情况

三箭公司起诉请求：（1）依法判令伟光公司向其支付拖欠的工程款79539127.59元；（2）依法判令伟光公司向其支付违约金，违约金以6653902.5元为基数，按日利率0.04%计算自2020年9月15日起至实际支付之日止（暂计算至2021年7月25日，违约金为833068.59元）；（3）依法确认其在上述第一项欠付工程款的范围内对案涉工程享有建设工程价款优先受偿权；（4）本案诉讼费用全部由伟光公司承担。事实和理由：2017年11月10日，双方签订一份《建设工程施工合同》，约定三箭公司承包建设伟光公司古城·龙湾项目的建筑工程、装饰工程和安装工程，工程地点位于安徽省滁州市定远县。其后双方在原合同的基础上又签订了两份《补充协议》。协议签订后，其公司按约定进行施工并陆续完工。至2020年9月15日，案涉工程全部竣工验收合格。在协议履行过程中，伟光公司未按照约定及时支付工程进度款。工程竣工验收合格后，伟光公司一直拖延办理竣工结算手续，尚欠应付工程款共计79539127.59元。

伟光公司在提交答辩状期间，对管辖权提出异议并认为，依据《建设工程施工合同》第二十条第四款的约定，应向项目所在地仲裁委员会申请仲裁，案涉项目所在地仲裁委为滁州仲裁委员会，故三箭公司向人民法院提起诉讼错误，应向滁州仲裁委员会申请仲裁。本案系建设工程施工合同纠纷，属于专属管辖，即由项目所在地定远县人民法院管辖。故申请将本案移送滁州仲裁委员会或定远县人民法院审理。

一审法院经审查认为，三箭公司提起本案诉讼依据的是两份《建设工程施工合同》，其中第一份合同施工内容为施工图纸范围内的土建、装饰、水电安装工程，该合同约定的合同价款为20300万元，未约定仲裁条款，该院具有管辖权；第二份合同施工内容为施工图纸范围内的水电安装工程，该合同约定的合同价款为2080万元，约定了仲裁条款。第二份合同约定的仲裁条款是“向项目所在地仲裁委员会申请仲裁”，但双方对项目所在地的范围均未作明确约定，导致对仲裁委员会的确定不明；同时，相较于第一份合同而言，第二份合同价款明显较低，两份合同在签订和履行的过程中存在交叉，无法明确区分，两份合同合并审理更有利于案件事实的查明和纠纷的处理。此外，本案起诉的标的额已高达8000余万元，属中级人民法院一审管辖范围，故一审法院对本案具有管辖权。伟光公司关于将本案移送滁州仲裁委员会或定远县人民法院审理的请求不能成立，一审法院不予支持。一审法院依照《民事诉讼法》第一百二十七条第一款的规定作出裁定：驳回伟光公司对本案管辖权提出的异议。案件受理费 80 元，由伟光公司负担。

三、上诉和答辩意见

伟光公司上诉请求：撤销安徽省滁州市中级人民法院作出的（2021）皖 11 民初 278 号民事裁定书，并依法裁定驳回三箭公司的起诉。事实与理由：（1）三箭公司故意将起诉金额虚假提高，以达到符合安徽省滁州市中级人民法院受理标准的目的。一审法院依据 8000 万元的诉讼标的，错误地认定安徽省滁州市中级人民法院具有管辖权。一审法院认定了双方签订的第一份合同约定的工程价款为 20300 万元，第二份合同约定的工程价款为 2080 万元，两项合计约定价款为 22380 万元，却忽略了两个事实：第一，两份合同均约定，工程竣工后支付工程进度款至合同价款的 85%，工程审计并提供竣工资料后支付至审计金额的 97%，预留 3%的质保金。本案因三箭公司未提供完整的结算资料导致工程造价审计未能完成。因此，依据合同的约定，截至目前，伟光公司只需要支付至两份合同价款的 85%，即合计 19023 万元。第二，三箭公司在证据清单中已自认伟光公司已实际向三箭公司支付的工程款金额为 183576097.5 元，依据被上诉人自认的支付金额，伟光公司也不存在还欠三箭公司 8000 万元的情形。实际上，伟光公司已支付工程款金额为 185022233.1 元，工程初步审计造价金额为 21541 万元。因此，三箭公司将诉讼请求提高至 8000

万元没有依据，一审据此认定其具有管辖权是错误的。（2）一审法院以第二份合同价款明显较低，两份合同在签订和履行的过程中存在交叉，无法明确区分为由，认为应合并审理，程序明显错误。原因如下：第一，两份合同并不是在同一时间签订，不存在签订时间无法区分的情形。第二，两份合同对施工范围、工期、工程价款的约定均明显不同，并且也不存在工程款混同支付的情况，不存在交叉、无法区分情形。因此，两份合同是独立履行的合同，不存在从属法律关系。第三，第二份合同明确约定了管辖机构，即项目所在地的仲裁委员会。项目所在地的仲裁委员会有且只有一个，即滁州仲裁委员会，因此，不存在管辖机构约定不明的情形。即使约定不明，第二份合同价款为2080万元，按已支付85%的比例计算，未支付的12%（扣除3%的质保金）也仅为249.6万元，远未达到安徽省滁州市中级人民法院的管辖案件标准，应由定远县人民法院管辖受理。综上所述，安徽省滁州市中级人民法院没有管辖权，请求二审法院依法支持其上诉请求。

三箭公司辩称：（1）本案并非针对工程进度款发生争议，三箭公司起诉的是伟光公司欠付整个案涉工程的工程款。三箭公司主张的欠款数额有证据予以证实，本案符合滁州市中级人民法院的受理范围，伟光公司故意混淆进度款和整个工程款的区别，其请求应予驳回。双方合同中约定的合同价款85%是工程进度款，对应的时间点为工程竣工验收合格后，该条件早已达成，而且就这部分款项伟光公司也自认未付清。案涉工程早已全部竣工且现在已经由伟光公司占有，三箭公司也已将合同约定的全部结算资料送达给伟光公司，但是伟光公司违反约定故意拖延结算，三箭公司被迫提起诉讼，所主张的是整个工程的欠款并非进度款，而且三箭公司也提供了大量证据证明了所主张的数额，伟光公司如果对欠款数额有异议应当是在庭审中实体解决，与管辖权并无关系。此外，即使按照伟光公司自认的“工程初步审计造价金额为21541万元”，其欠付的工程款仍然超过了3000万元。根据《最高人民法院关于调整高级人民法院和中级人民法院管辖第一审民商事案件标准的通知》（法发

〔2015〕7 号）第二条的规定，本案也应当由安徽省滁州市中级人民法院审理，伟光公司的主张无事实和法律依据，应予驳回。（2）本案双方所签的两份合同，第一份合同为主合同，第二份合同的承包范围在主合同的承包范围内，合同价款上主合同的数额也远远高于第二份合同，双方在主合同中也约定了针对安装工程另行签订补充协议。实质上第二份合同仅是双方针对主合同所签订的一份补充协议，应当按照主合同的约定的管辖规则来处理争议。双方在第一份主合同第一部分第一条第 6 项中明确约定，工程承包范围为“承包设计施工图纸范围内的建筑工程、装饰工程和安装工程”，而第二份合同只是针对水电安装工程另行签署了协议，所承包的工程在主合同的范围内。而且在主合同中双方也约定了“安装承包范围双方另行协商并签订补充协议”，可见，第二份合同实质上是双方就水电安装工程在第一份主合同的基础上签订的补充协议，应当按照主合同约定的管辖规则来处理争议。（3）伟光公司要求“驳回三箭公司起诉”的上诉请求超出了一审请求范围，应予驳回。第二份合同中的仲裁条款约定不明，应视为无效，本案应由人民法院审理。仲裁协议中要有选定的仲裁委员会，选定的仲裁委员会应当明确、具体、唯一。因此，仲裁条款中应当写明所选择仲裁机构的名称，严格而言不允许有错别字。而第二份合同中只约定了项目所在地仲裁委员会，但是仲裁委员会不依行政区划设立，项目所在地定远县并无任何仲裁机构。因此该仲裁条款无效，本案应由人民法院审理。综上所述，本案一审裁定认定事实清楚，适用法律正确。伟光公司的请求无事实和法律依据，请求驳回上诉，维持原裁定。

四、处理意见和理由

本院认为，本案的焦点为案涉纠纷所涉合同中的仲裁条款是否有效，安徽省滁州市中级人民法院对该案是否具有管辖权。具体分析如下：首先，三箭公司起诉伟光公司欠付案涉工程款，支持其诉请所提交的证据中既有双方于 2017 年 11 月 10 日签订的《建设工程施工合同》，也有双方于2018年8月31日签订的《建设工程施工合同》，仅后一份合同约定：因合同及合同有关事项发生的争议“向项目所在地仲裁委员会申请仲裁”，从两份合同的内容上看，案件的审理涉及对两份合同约定内容、履行情况等事实的审查认定，故不应依据其中一份合同中有关争议解决方式的约定确定案件的管辖；其次，案涉项目位于定远县，即使依据后一份合同中有“向项目所在地仲裁委员会申请仲裁”的约定，但因定远县没有仲裁委员会，此属于对仲裁委员会约定不明确的情形，且双方亦未达成补充协议，故该仲裁协议也属于无效。综上所述，依据《民事诉讼法》的相关规定，安徽滁州市中级人民法院对本案具有管辖权，本院拟裁定驳回伟光公司的上诉，维持原裁定。根据《最高人民法院关于仲裁司法审查案件报核问题的有关规定》（法释〔2017〕21号）第二条、第三条第一项、第七条的规定，特向贵院报核。

以上意见妥否，请审核。

最高人民法院

关于易拓威（上海）机器人科技有限公司申请确认仲裁协议效力一案的复函

2022年2月18日　　　　（2021）最高法民他483号

重庆市高级人民法院：

你院（2020）渝民他29号《关于易拓威（上海）机器人科技有限公司申请确认仲裁协议效力一案的请示报告》收悉。经研究，答复如下：

根据你院请示，易拓威（上海）机器人科技有限公司与重庆市渝北区人民政府签订《投资协议》约定的内容，既有行政法上的权利义务，也有民法上的权利义务。重庆市渝北区人民政府请求返还扶持资金及支付违约金等财产权益的事项属于民事争议，不涉及行政法上的争议，根据《中华人民共和国仲裁法》第二条、第十六条之规定，该争议可以通过仲裁方式解决。

此复

附：

重庆市高级人民法院
关于易拓威（上海）机器人科技有限公司申请确认仲裁协议效力一案的请示报告

2021 年 5 月 11 日　　　　　　　　　　（2020）渝民他 29 号

最高人民法院：

2020 年 10 月 27 日，我院收到重庆市第一中级人民法院（以下简称重庆一中院）关于易拓威（上海）机器人科技有限公司（以下简称易拓威公司）申请确认仲裁协议效力一案的请示报告。重庆一中院审查后，认为易拓威公司申请确认仲裁协议无效的理由成立，拟认定案涉仲裁协议无效。我院在对本案进行复查后，认为重庆一中院确认案涉仲裁协议无效的处理意见正确，拟同意其确认案涉仲裁协议无效。根据《最高人民法院关于仲裁司法审查案件报核问题的有关规定》第二条、第三条的规定，现将该案请示贵院。

一、当事人基本情况

申请人：易拓威公司。住所地：上海市宝山区。

法定代表人：余某某，执行董事。

被申请人：重庆市渝北区人民政府。住所地：重庆市渝北区。

法定代表人：谭某，区长。

二、案件基本情况

（一）申请人请求及被申请人答辩

申请人易拓威公司请求：确认案涉仲裁协议无效。事实及理由：

2015 年 12 月 15 日，易拓威公司与被申请人重庆市渝北区人民政府（以下简称渝北区政府）签订了《投资协议》，该协议第十五条第二款约定“若双方协商后仍不能解决争议，任何一方均可提交重庆仲裁委员会”。但根据《投资协议》约定的内容，该《投资协议》符合行政机关为了实现行政管理或者公共服务目标，与公民、法人或者其他组织协商订立的具有行政法上权利义务内容的协议，属于《行政诉讼法》第十二条第一款第十一项规定的行政协议。根据《最高人民法院关于审理行政协议案件若干问题的规定》第二十六条之规定，“行政协议约定仲裁条款的，人民法院应当确认该条款无效”，故本案中约定的仲裁条款属无效条款。

被申请人渝北区政府辩称：请求驳回申请人的申请请求。理由如下：(1) 案涉《投资协议》属民事合同，应当按照民事诉讼程序解决纠纷。首先，从内容上看，《投资协议》约定的权利义务，是以财产权益为核心内容的等价有偿法律关系。在订立合同时，渝北区政府与易拓威公司之间并不存在行政管理关系，政府的补贴政策也并非行使法定的公共管理职能的行为，合同主要是用来明确当事人之间的民事权利义务关系。其次，从目的上看，渝北区政府签订合同的目的并不是实施行政管理，而是促进经济发展，实现经济价值，与行政管理职能并无必然联系，法院不宜将其认定为行政合同。最后，从救济途径看，《投资协议》对合同解除、违约责任承担方式等条款作出明确约定，这是平等民事主体之间私法自治、意思自由的体现，也表明此合同为民事合同。(2)《投资协议》没有体现行政优益权，合同双方权利义务对等。行政优益权是判断民事合同和行政合同的重要标准，即在合同的签订、履行、解除、终止过程中，行政机关是否居于主导地位，行政职权是否在合同履行中起主导作用，行政主体是否享有合同的发起权、合同履行的监督权和指挥权、单方面变更合同权、单方面解除合同权等。在其权利义务的约定上，是否体现行政管理关系，是否具有不对等性。在本案中，《投资协议》内容并没有体现出不平等的行政管理关系，合同约定的中心内容是渝北区政府向易拓威公司发放各种补贴，但是易拓威公司的产值和税收应达到相应要求。因此，双方权利义务对等，应为民商事合同。（3）在易拓威公司违约的情况下，渝北区政府没有任何行政法律依据和行政强制权利要求其直接返还补贴并支付违约金。现行法律将行政合同划归行政诉讼范畴，《行政诉讼法》第四十九条明确规定，提起行政诉讼的原告必须是公民、法人或其他组织。易拓威公司在申请书中提出的《最高人民法院关于审理行政协议案件若干问题的规定》中直接出现的“原告”“被告”也分别指公民、法人组织和行政机关，而本案申请仲裁的主体是国家机关，如果法院认定案涉协议属行政协议，那么渝北区政府的权利将无从救济。同时，从渝北区政府提起仲裁申请的事实上也可以看出，渝北区政府作为行政机关在案涉合同履行中无任何行政法律依据和行政强制权利要求其直接返还补贴并支付违约金，还需要请求司法、仲裁部门的帮助，维护自身权益。

（二）重庆一中院查明事实

2015年12月15日，渝北区政府（甲方）与易拓威公司（乙方）签订了《投资协议》，项目名称为易拓威机器人研发生产项目（以下简称项目）。该协议对项目的规模、内容、效益目标、开发计划、双方的权利义务、项目财政扶持、违约责任及免责事由等事项进行了约定，包括：（1）项目内容。①在渝北区投资建设机器人研发中心；②打造工业机器人生产基地，大批量生产六轴工业机器人、商农用机器人；③在渝北区投资建设机器人销售中心，到2020年，实现销售收入5亿元人民币以上。（2）甲方的陈述与保证。①项目公司设立服务：本协议生效之日起，甲方按照中国法律、法规和政策的要求，为乙方或乙方项目公司提供优质服务。在乙方或乙方项目公司提供符合有关部门要求的项目申请资料后，甲方协助乙方或乙方项目公司办理工商注册、税务登记等与项目公司设立相关的行政审批手续，相关费用由乙方或乙方项目公司自行缴纳。②经营权利保证：依据中国国家和地方有关法律、法规、政策的规定，甲方保证不对乙方项目的独立自主建设和经营施加任何非法干预。（3）本项目财政扶持。乙方项目确保在甲方开发区内纳税，且其总投资额、注册资本金、年产值总额、年纳税总额等应符合《投资协议》第一条、第二条的约定，并达到下述相应条件时，经乙方申请，甲方审核合格后可给予乙方或乙方项目公司下列产业发展扶持资金进行项目扶持。具体包括：①厂房、办公用房支持。自签约起的前三年，甲方在仙桃数据谷为乙方或乙方项目公司提供约1600平方米的研发、办公及产品展示用房，租金按建筑面积20元/平方米/月缴纳，另在创新经济走廊租赁2000平方米的生产厂房，按市场价缴纳租金。甲方给予乙方提供简单装修办公场地，如乙方项目公司需要精装修按600元/平方米装修费用补贴，用于生产车间办公场地及研发中心等装修，补贴总额不超过100万元。装修费用补贴在装修完成经甲方确认后，一次性支付至乙方账户。②运营扶持。乙方或乙方项目公司应以《西部地区鼓励类产业目录》中规定的产业项目为主营业务，协助乙方或乙方项目公司在2020年12月31日前依法享受企业所得税15%的优惠税率。③设备补贴。《投资协议》签订后五年内，对乙方或乙方项目公司在渝北区经营期间新购置的研发生产设备按20%给予补贴，补贴总额累计不超过200万元，搬迁进来的研发生产设备应折旧后计算补贴金额。④研发项目基金支持。前三年，甲方对乙方或乙方项目公司在重庆新项目研发、新产品制造、技术设备改良给予每年100万元人民币的补贴。申请补贴时乙方或乙方项目公司应向甲方提供新项目研发、新产品制造、技术设备改良的资料证明。⑤开办补贴。甲方给予乙方100万元开办支持补贴，用于协助及督促乙方或乙方项目公司尽快正式营业，开办支持补贴在乙方注册资本金到位后两周内，一次性付至乙方公司对公账户。⑥自动化生产线建设补贴。第一年，甲方对乙方或乙方项目公司在重庆组建的自动化生产线，进行一次性补贴100万元。（4）争议解决及适用法律：因本协议引起的或与本协议有关的任何争议应首先通过双方友好协商解决。若双方协商后仍不能解决争议，任何一方均可提交重庆仲裁委员会，按照申请仲裁时该会现行有效的仲裁规则进行仲裁。仲裁裁决是终局的，对双方均有约束力。

另查明，重庆仲裁委员会已受理了渝北区政府与易拓威公司关于投资合同纠纷一案，案号为（2019）渝仲字第3827号。

三、重庆一中院的拟处理意见

第一，关于合同法律属性的整体认定和分别认定问题。认定合同的法律属性，其直接目的是解决法律适用问题，即适用何种诉讼程序对争议进行审理以及依据何种实体法对争议作出裁决。就适用何种诉讼程序而言，从现实情况看，当事人之间一旦发生合同争议并诉至法院，法院要么以民事案件受理，要么以行政案件受理，进而由不同的审判庭进行审理。在同一合同项下，当事人之间可能存在多方面争议，从方便纠纷解决的角度，所有争议宜由同一审判庭审理，不宜再根据不同争议的具体内容区分为民事争议和行政争议进而由不同的审判庭适用不同的诉讼程序分别审理并裁决，否则可能影响审理效率，亦可能出现裁决冲突。故对于兼具民事和行政性质的合同的法律属性宜从整体上认定其为民事合同或行政合同进而对同一合同项下的纠纷由同一审判庭审理。至于应从整体上认定为民事合同还是行政合同，则应考虑目前我国有关民事诉讼程序和行政诉讼程序的协调问题。从行政诉讼的相关规定看，根据《最高人民法院关于审理行政协议案件若干问题的规定》第二十七条的规定，人民法院审理行政协议案件，《行政诉讼法》没有规定的，参照适用《民事诉讼法》的规定，且可以参照适用民事法律规范关于民事合同的相关规定。但在相关民事诉讼的实体法和程序法中，并没有类似规定。即在行政诉讼中，将行政争议以及与行政争议密切相关的民事争议一并裁决并不存在法律障碍，但反之则不能。因此，对兼具民事和行政合同属性的合同，应直接认定其为行政合同进而由行政审判庭裁决。

第二，案涉《投资协议》应从整体上认定其为行政合同。《最高人民法院关于审理行政协议案件若干问题的规定》第一条规定："行政机关为了实现行政管理或者公共服务目标，与公民、法人或者其他组织协商订立的具有行政法上权利义务内容的协议，属于行政诉讼法第十二条第一款第十一项规定的行政协议。”根据前述规定，行政协议应当包含主体要素（行政机关与公民、法人或者其他组织）、目的要素（实现行政管理或者公共服务目标）、意思要素（协商订立）、内容要素（具有行政法上权利义务内容）四个方面的要素。关于行政法上权利义务如何判断，司法实务中通常认为应从以下三个方面进行判断，即是否行使行政职权，是否实现行政管理目标或者公共利益，在协议中或者法律上是否规定了行政机关的优益权。就本案而言：（1）案涉《投资协议》的一方为渝北区政府，另一方为易拓威公司，故其具有行政协议的主体要素。（2）案涉《投资协议》涉及渝北区机器人研发中心、生产基地、销售中心的投资、建设、运营，是为了实现渝北区政府的行政管理或公共服务目标而签署，故具有行政协议的目标要素。（3）案涉《投资协议》经各方当事人协商一致而订立，故具有行政协议的意思要素。（4）案涉《投资协议》的内容包括渝北区政府协助易拓威公司或易拓威公司项目公司办理工商注册、税务登记等与项目公司设立相关的行政审批手续；在易拓威公司项目确保在渝北区政府开发区内的总投资额、注册资本金、年产值总额、年纳税总额等达到相应条件时，渝北区政府可给予易拓威公司或易拓威公司项目公司产业发展扶持资金进行项目扶持。项目扶持具体包括厂房、办公用房支持、运营扶持、设备补贴、研发项目基金支持、开办补贴、自动化生产线建设补贴等方面的税收优惠或行政补贴内容。前述内容体现了行政法上的权利义务，案涉《投资协议》具有行政协议的内容要素。综上所述，案涉《投资协议》应当认定为行政协议。

第三，至于被申请人主张案涉《投资协议》中存在民事权利义务的内容，如前所述，即便被申请人的主张成立，该内容亦不影响对《投资协议》整体上属于行政协议的认定。

第四，案涉《投资协议》中的仲裁条款无效。首先，根据《仲裁法》第二条的规定，平等主体的公民、法人和其他组织之间发生的合同纠纷和其他财产权益纠纷，可以仲裁。行政机关为了实现行政管理或者公共服务目标，与公民、法人或者其他组织协商订立的具有行政法上权利义务内容的协议，属于行政行为的一种，不属于平等主体之间的民事纠纷，不属于仲裁管辖范围，不具有可仲裁性。同时，因行政行为引发的争议属于行政争议，根据《仲裁法》第三条的规定，依法应由行政机关处理的行政争议不得仲裁。故此类行政协议中约定仲裁条款，排除法院管辖，因违背《仲裁法》而无效。其次，根据《最高人民法院关于审理行政协议案件若干问题的规定》第二十六条的规定，“行政协议约定仲裁条款的，人民法院应当确认该条款无效”，该行政协议的仲裁条款亦属于无效。

综上所述，重庆一中院认为案涉仲裁协议无效。

四、本院补充查明事实

渝北区政府于 2019 年 12 月 3 日提出仲裁申请，请求：（1）裁决易拓威公司向渝北区政府返还扶持资金 248 万元；（2）裁决易拓威公司向渝北区政府支付违约金 248 万元；（3）裁决本案全部仲裁费用、保全费、律师费 4 万元及实现债权其他费用由易拓威公司承担。

五、本院的审核意见

案涉《投资协议》的一方为渝北区政府，另一方为易拓威公司。案涉《投资协议》涉及渝北区机器人研发中心、生产基地、销售中心的投资、建设、运营，其是为了实现渝北区政府的行政管理或公共服务目标而签署的，内容包括渝北区政府协助易拓威公司或易拓威公司项目公司办理工商注册、税务登记等与项目公司设立相关的行政审批手续；在易拓威公司项目确保在渝北区政府开发区内的总投资额、注册资本金、年产值总额、年纳税总额等达到相应条件时，渝北区政府可给予易拓威公司或易拓威公司项目公司产业发展扶持资金进行项目扶持等，案涉《投资协议》符合行政协议的要素特征，且渝北区政府的仲裁申请中包含返还财政扶持资金的内容。故按照《最高人民法院关于审理行政协议案件若干问题的规定》第一条规定“行政机关为了实现行政管理或者公共服务目标，与公民、法人或者其他组织协商订立的具有行政法上权利义务内容的协议，属于行政诉讼法第十二条第一款第十一项规定的行政协议"，案涉《投资协议》认定为行政协议为宜。根据《最高人民法院关于审理行政协议案件若干问题的规定》第二十六条的规定，"行政协议约定仲裁条款的，人民法院应当确认该条款无效"，本案仲裁条款应无效。综上所述，我院拟同意重庆一中院确认案涉仲裁协议无效的意见。

请批复。

最高人民法院
关于嘉兴达胜置业发展有限公司与张某申请确认仲裁协议效力一案的复函

2022 年 3 月 11 日　　（2021）最高法民他 475 号

浙江省高级人民法院：

你院《关于申请人嘉兴达胜置业发展有限公司与被申请人张某、张某二、华某某申请确认仲裁协议效力三案的报核报告》收悉。经研究，答复如下：

根据你院报告，2014 年 11 月，嘉兴达胜置业发展有限公司与张某签订《浙江省商品房买卖合同》。该合同第二十二条约定："本合同在履行过程中发生的争议，由双方当事人协商解决；协商不成的，按下述第一种方式解决：（1）提交嘉兴仲裁委员会仲裁。（2）依法向人民法院起诉。" 2018 年 6 月 22 日，浙江省嘉兴市秀洲区人民法院裁定受理深圳市平良投资管理有限公司对嘉兴达胜置业发展有限公司的破产清算申请。2021 年 7 月 5 日，张某向嘉兴仲裁委员会申请仲裁，请求嘉兴达胜置业发展有限公司交付房屋、车库及房屋、土地的权属证书并配合办理不动产过户登记手续。

《最高人民法院关于适用〈中华人民共和国企业破产法〉若干问题的规定（三）》第八条规定："债务人、债权人对债权表记载的债权有异议的，应当说明理由和法律依据。经管理人解释或调整后，异议人仍然不服的，或者管理人不予解释或调整的，异议人应当在债权人会议核查结束后十五日内向人民法院提起债权确认的诉讼。当事人之间在破产申请受理前订立有仲裁条款或仲裁协议的，应当向选定的仲裁机构申请确认债权债务关系。”根据上述规定，人民法院受理破产申请后，破产案件的专属管辖不影响当事人在破产申请受理前达成的仲裁条款的效力。案涉仲裁条款如不存在其他无效情形，应认定为有效。

此复

附：

浙江省高级人民法院

关于申请人嘉兴达胜置业发展有限公司与被申请人张某、张某二、华某某申请确认仲裁协议效力三案的报核报告

2021 年 11 月 30 日　　　　（2021）浙民他 60、61、62 号

最高人民法院：

申请人嘉兴达胜置业发展有限公司（以下简称达胜置业）与被申请人张某、张某二、华某某申请确认仲裁协议效力三案，浙江省嘉兴市中级人民法院（以下简称嘉兴中院）经审查拟认定案涉仲裁协议无效。2021 年 9 月 23 日，该院根据《最高人民法院关于仲裁司法审查案件报核问题的有关规定》的规定，报请我院审核。我院于 2021 年 9 月 26 日立案受理后，依法组成合议庭对三案进行了审查。合议庭一致意见拟同意嘉兴中院的意见。根据《最高人民法院关于仲裁司法审查案件报核问题的有关规定》第二条、第三条的规定，现向钧院报告如下。

一、当事人基本情况

申请人：达胜置业。住所地：浙江省嘉兴市中山西路。

诉讼代表人：沈某某，该企业管理人浙江中铭会计师事务所有限公司负责人。

被申请人：张某，男，1986 年 8 月 18 日出生，回族，住上海市浦东新区。[（2021）浙民他 60 号案]

被申请人：张某二，女，1985 年 10 月 10 日出生，回族，住浙江省杭州市下城区。[（2021）浙民他 61 号案]

被申请人：华某某，女，1986 年 3 月 8 日出生，汉族，住浙江省杭州市滨江区。[（2021）浙民他 62 号案]

二、双方当事人主张

达胜置业于 2021 年 8 月 13 日向嘉兴中院申请称：张某、张某二、华某某在申请仲裁时，刻意隐瞒了达胜置业作为丙方、三被申请人作为丁方与甲方疏勒县润丰棉业有限公司（以下简称润丰棉业）、乙方苏州顺利房地产开发有限公司（以下简称顺利房产）于 2014 年 11 月 1 日签订的《协议书》。根据该《协议书》第三条第三款的约定，“丙方与丁方签订的《浙江省商品房预售合同》中的条款与本协议不一致的，本协议相应的条款效力高于《浙江省商品房预售合同》中的条款。”同时，该《协议书》约定“如涉及丁方与丙方关于商品房预售合同的争议，由房屋所在地人民法院专属管辖”。故申请人与被申请人之间有关商品房预售合同发生的争议应由房屋所在地人民法院管辖，且该约定的效力高于双方《浙江省商品房买卖合同》的相关约定。《浙江省商品房买卖合同》中约定的仲裁条款无效。结合案涉房屋所在地位于浙江省嘉兴市秀洲区，以及浙江省嘉兴市秀洲区人民法院已裁定受理达胜置业的破产清算，本案应由浙江省嘉兴市秀洲区人民法院管辖。故请求确认双方签订的《浙江省商品房买卖合同》中的仲裁协议无效。

张某、张某二、华某某均辩称：（1）三被申请人申请仲裁依据的是《浙江省商品房买卖合同》。该合同与《协议书》是两份独立的合同，两者所体现的法律关系及调整适用的内容彼此独立，相互区分。最高人民法院（2015）民一终字411号民事判决书对于润丰棉业与顺利房产之间的借款关系以及三被申请人与达胜置业的房屋买卖关系已作出了明确认定，明确两者为不同法律关系。故达胜置业意图以调整借款债务清偿关系的《协议书》来否定《浙江省商品房买卖合同》中仲裁协议的效力，不能成立。(2)《协议书》通篇体现的是润丰棉业与顺利房产借款债务的清偿关系。《协议书》第七条也明确该协议的主要内容为“债务清偿条款”，该条虽约定有关商品房预售合同的争议由房屋所在地法院专属管辖。但事后签订的《浙江省商品房买卖合同》约定通过仲裁来解决争议，故《协议书》第七条的约定不适用于本案。(3)《协议书》第三条第三款约定针对的只是第三条项下的十款内容。第三条第三款关于效力高低的约定只是针对该十款内容如出现与《浙江省商品房买卖合同》不一致的情形时所应采用的识别标准。(4) 张某已就相同请求向嘉兴仲裁委员会申请过仲裁，该委亦已作出裁决。在达胜置业进入破产清算程序后，三申请人不仅向破产管理人提交证据证明自己是案涉房屋合法的权利人，张某还根据仲裁裁决申报了债权，破产管理人对此亦予以了确认。可见，达胜置业的管理人对该仲裁协议的效力是认可的。(5)《企业破产法》规定的破产集中管辖适用的对象是民事诉讼，而非仲裁案件。综上所述，请求人民法院驳回达胜置业的请求。

三、案件基本情况

嘉兴中院立案受理后经听证，查明：2014年11月1日，润丰棉业作为甲方，顺利房产作为乙方，达胜置业作为丙方，张某、张某二、华某某作为丁方，四方签订《协议书》一份。2013年12月23日，润丰棉业与顺利房产签订《借款合同》约定由润丰棉业向顺利房产放款8500万元，借款期限至2014年12月23日，用途为流动资金。合同签订后，润丰棉业依约交付上述款项。因顺利房产称其客观上难以如约偿还借款。为此，四方签订《协议书》约定：(1) 甲乙双方确认，乙方仍尚欠甲方人民币8500万元本金，乙方将按《借款合同》的约定履行还款义务。

(2) 乙方与丙方系关联公司，丙方愿意作为债务加入人向甲方承担还款义务，即本协议签订后，乙方和丙方共同向甲方承担连带还款责任。(3) 协议各方为妥善处理甲乙丙三方的债权债务关系，进行如下协议安排。①丙方目前开发建设了“嘉盛龙庭”别墅物业，该物业已取得商品房预售许可证，但因故尚未进行初始产权登记。丙方愿意根据甲方的指定，将其中的20套别墅售予甲方认可的三人，即丁方张某、张某二、华某某。②丙方售予丁方别墅的单价均为每套400万元人民币（不考虑具体的别墅面积)，合计人民币8000万元。③丙方与丁方签订的《浙江省商品房预售合同》中的条款与本协议不一致的，本协议相应的条款效力高于《浙江省商品房预售合同》中的条款。(4) 丙方与丁方之间的别墅销售标的物及权利人分别如下：①将8套房产预售给丁方张某，每套400万元，总计3200万元。②将6套房产预售给丁方张某二，每套400万元，总计2400万元。③将6套房产预售给丁方华某某，每套400万元，总计2400万元。(5) 甲方有权在法律规定的期限内，随时向乙方、丙方主张债权，在甲方债权部分或全部实现的情形下，丁方应当配合丙方将全部或部分别墅返还丙方，并配合办理相应的变更或注销手续。(6) 丙方的全体股东对上述全部条款表示知晓，并同意丙方签署本协议。(7) 本协议的主要条款为债务清偿条款，故协议各方约定诉讼管辖为甲方所在地人民法院。如涉及丁方与丙方关于商品房预售合同的争议，由房屋所在地人民法院专属管辖。

《协议书》签订后的当月，达胜置业与张某、张某二、华某某签订了上述20套商品房（别墅）的《浙江省商品房买卖合同》。合同第二十二条约定：“本合同在履行过程中发生的争议，由双方当事人协商解决；协商不成的，按下述第一种方式解决：(1) 提交嘉兴仲裁委员会仲裁。(2) 依法向人民法院起诉。”

2017年5月25日，张某具状向嘉兴仲裁委员会申请仲裁，就其与达胜置业签订的8份商品房买卖合同中的2份请求裁令达胜置业继续履行，将2份合同项下的房屋、汽车车库及相应的土地、房屋的权属证书交付张某，并裁令达胜置业支付逾期交房违约金 140 万元，逾期交付土地、房屋权属证书违约金 16 万元。嘉兴仲裁委员会经审理，于 2017 年 10 月 23 日裁决：（1）被申请人达胜置业于本裁决书送达之日起七日内向申请人张某支付逾期交房违约金 140 万元（暂计至 2017 年 5 月 25 日，此后违约金计算至实际交付之日止）以及逾期交付土地、房屋权属证书违约金 16 万元；（2）驳回申请人张某的其他仲裁请求；（3）本案仲裁案件受理费 58855 元、案件处理费 5886 元，合计 64741 元（已由申请人预缴），公告费 600 元，由申请人张某承担 15341 元，由被申请人达胜置业承担 5 万元并于本裁决书送达之日起七日内支付给申请人张某。

2018 年 6 月 22 日，浙江省嘉兴市秀洲区人民法院裁定受理深圳市平良投资管理有限公司对达胜置业的破产清算申请。随后，该院指定浙江中铭会计师事务所担任达胜置业的破产管理人。

张某作为债权人向达胜置业的破产管理人申报了金额为 2362000 元的债权，经破产管理人审核，拟确认债权 2237200 元。2018 年 10 月 13 日，破产管理人召开第一次债权人会议提请核查债权。确认的债权中即含有上述张某的债权 2237200 元。

2021 年 7 月 5 日，张某、张某二、华某某分别向嘉兴仲裁委员会申请仲裁，请求交付房屋、车库及房屋、土地的权属证书并配合办理不动产过户登记手续。

达胜置业在答辩书中提出管辖异议，同时向该院申请确认仲裁协议无效。

四、嘉兴中院审查意见

该院经审查拟认定仲裁协议无效。理由：虽然仲裁条款具有独立性，且《浙江省商品房买卖合同》签订时间晚于《协议书》签订的时间，但《协议书》第三款约定，“丙方与丁方签订的《浙江省商品房预售合同》中的条款与本协议不一致的，本协议相应的条款效力高于《浙江省商品房预售合同》中的条款。”现《协议书》约定“如涉及丁方与丙方关于商品房预售合同的争议，由房屋所在地人民法院专属管辖”，而《浙江省商品房买卖合同约定》约定“本合同在履行过程中发生的争议，提交嘉兴仲裁委员会仲裁”。因此，根据《协议书》第三条第三款的约定，《协议书》有关争议解决方式的约定的效力高于《浙江省商品房买卖合同》有关争议解决方式的约定，本案应由法院管辖，相关仲裁协议应认定无效。据此，嘉兴中院拟依照《最高人民法院关于适用〈中华人民共和国仲裁法〉若干问题的解释》第七条规定，裁定：确认达胜置业与张某、张某二、华某某签订的《浙江省商品房买卖合同》中约定的仲裁协议无效。申请费分别由三案的各被申请人负担。

五、我院审查意见

我院合议庭经审查认为：本案系申请确认仲裁协议无效纠纷。本案双方当事人在《浙江省商品房买卖合同》中约定的仲裁条款本身并不存在无效的情形，虽然在前述合同之前，达胜置业与张某等四方签订的《协议书》第三条第三款约定，本协议条款的效力高于《浙江省商品房预售合同》，但《协议书》第三条共有十项内容，具体包括案涉房屋的售价、购房款需专款专用以及违约条款等实体权利义务，因此，《协议书》第三条第三款调整的对象和范围应是《协议书》第三条的十项内容，并非《协议书》的全部内容。本案不宜以《协议书》第三条第三款否认本案双方在《浙江省商品房买卖合同》中约定的仲裁条款。至于《协议书》第七条约定的诉讼管辖条款，应认为之后签订的《浙江省商品房买卖合同》中约定的仲裁条款对此予以变更。

但是，根据查明的事实，2018年6月22日，达胜置业进入破产清算程序。《企业破产法》第三十八条规定：“人民法受理破产申请后，债务人占有的不属于债务人的财产，该财产的权利人可以通过管理人取回。但是，本法另有规定的除外。”《最高人民法院关于适用〈中华人民共和国企业破产法〉若干问题的规定（三）》（以下简称《企业破产法解释三》）第八条规定：“……当事人之间在破产申请受理前订立有仲裁条款或仲裁协议的，应当向选定的仲裁机构申请确认债权债务关系。”其意旨是保证债权人的公平清偿，目的是使破产企业的资产价值最大化，具体适用时在不违背《企业破产法解释三》的基础上，兼顾《企业破产法》的公平清偿原则，同时，《企业破产法解释三》第八条文义明确是向选定的仲裁机构确认债权债务关系。而本案中张某等三人向仲裁机构申请仲裁，请求交付房屋、土地的权属证书并配合办理不动产过户登记手续，实际上是对物权的确认，并非一般的债权债务关系，因此，在达胜置业已进入破产清算程序的前提下，本案以诉讼为宜。

综上所述，拟同意嘉兴中院的报核意见，即确认案涉仲裁协议无效。妥否，请指示！

特此报告。

最高人民法院

关于申请人中兴天恒能源科技（北京）股份有限公司与被申请人中国核工业第五建设有限公司申请确认仲裁协议效力一案请示的复函

2022年3月11日　　　　　　　　　　（2021）最高法民他469号

北京市高级人民法院：

你院京高法（2021）1194号《关于申请人中兴天恒能源科技（北京）股份公司与被申请人中国核工业第五建设有限公司申请确认仲裁协议效力一案的请示》收悉。经研究，答复如下：

本案系仲裁司法审查案件，审查重点是中兴天恒能源科技（北京）股份有限公司（以下简称中兴天恒公司）与被申请人中国核工业第五建设有限公司（以下简称核五建公司）之间是否存在仲裁协议。根据已查明的事实，2021年4月6日，广东华丰中天液化天然气有限公司与核五建公司签订《潮州闽粤经济合作区LNG储配站项目关于固定总价结算审核事宜的协议书》（以下简称《固价结算协议》），核五建公司依据该协议申请仲裁，请求裁决中兴天恒公司承担相应担保责任。但中兴天恒公司并非《固价结算协议》的当事人。中兴天恒公司签署的《股权质押合同》解决条款约定："有关本合同的一切争议可通过友好协商解决；协商不成的，按照主合同解决争议条款执行。争议期间，各方应继续履行未涉及争议的条款。"在《股权质押合同》签订之时，该合同指向的主合同约定的争议解决方式系诉讼。本案亦无证据证明中兴天恒公司有同意将争议解决方式由诉讼变更为仲裁的明确意思表示。故《固价结算协议》中的仲裁条款不能约束中兴天恒公司。

综上所述，根据《中华人民共和国仲裁法》第十六条第二款之规定，中兴天恒公司与核五建公司之间不存在有效的仲裁协议，同意你院的审查意见。

此复

附：

北京市高级人民法院

关于申请人中兴天恒能源科技（北京）股份公司与被申请人中国核工业第五建设有限公司申请确认仲裁协议效力一案的请示

2021年10月18日　　　　京高法（2021）1194号

最高人民法院：

北京市第四中级人民法院（以下简称北京四中院）立案受理了中兴天恒能源科技（北京）股份公司（以下简称中兴天恒公司）与被申请人中国核工业第五建设有限公司（以下简称核五建公司）申请确认仲裁协议效力一案，根据《最高人民法院关于仲裁司法审查案件报核问题的有关规定》，北京四中院拟裁定确认仲裁条款对中兴天恒公司无效并向我院请示。经审查，我院同意北京四中院的意见，现将本案有关情况报告并请示如下。

一、当事人基本情况

申请人（仲裁被申请人）：中兴天恒公司。住所地：北京市东城区。

法定代表人：黄某，该公司高级顾问。

被申请人（仲裁申请人）：核五建公司。住所地：上海市金山区。

法定代表人：赵某某，该公司董事长。

二、申请人申请及被申请人答辩情况

中兴天恒公司称，请求法院确认其与核五建公司之间不存在仲裁协议。核五建公司与广东华丰中天液化天然气有限公司（以下简称华丰中天公司）于2021年4月6日签署的《潮州闽粤经济合作区LNG储配站项目关于固定总价结算审核事宜的协议书》（以下简称《固价结算协议》）中的仲裁协议对中兴天恒公司无效。理由如下。

第一，中兴天恒公司并非《固价结算协议》的当事人，不受其中仲裁条款的约束。中兴天恒公司与核五建公司之间签署的唯一协议为《股权质押合同》，《股权质押合同》中不存在任何明确“请求仲裁的意思表示”，进而不存在有效的仲裁协议。《潮州闽粤经济合作区LNG储配站项目PC（采购、施工）总承包合同》（以下简称《采购施工合同》）对华丰中天公司与核五建公司之间的权利义务进行全面约定，并约定合同争议由法院管辖。2017年6月27日，发包人华丰中天公司与承包人核五建公司就《采购施工合同》签署《补充协议（一）》和《补充协议（二）》。关于管辖事项，《补充协议（一）》和《补充协议（二）》的约定基本一致。《补充协议（二）》约定，《采购施工合同》《补充协议（一）》《补充协议（二）》以及基于《采购施工合同》和补充协议签订的一系列补充协议和担保协议等从合同如果在履行过程中发生争议，各方应协商解决，协商不成的，各方均可向原告所在地法院起诉，除非争议当事人事后另有书面约定。《股权质押合同》就中兴天恒公司为主合同提供担保事项等进行约定，并约定合同争议由原告所在地法院管辖。

第二，《固价结算协议》仅对《采购施工合同》个别条款内容进行确定，《固价结算协议》不是主合同，只是对主合同个别条款的落实。根据对合同内容的体系性解释，《固价结算协议》的仲裁条款与《采购施工合同》《补充协议（一）》《补充协议（二）》的法院主管条款独立并存。担保合同当事人选择仲裁的意思表示不能随意推定，只有在当事人对仲裁条款明确知晓且有同意选择仲裁的意思表示时，主合同的仲裁条款才有适用于担保合同的可能，否则主合同中的仲裁条款对担保合同当事人没有约束力。在中兴天恒公司事前不知晓，事后也未同意选择仲裁的情况下，华丰中天公司与核五建公司事后达成的《固价结算协议》中的仲裁条款对中兴天恒公司无效，中兴天恒公司不受该仲裁条款的约束。

第三，北京仲裁委员会尚未对（2021）京仲案字第 3080 号仲裁案开庭审理，且未对仲裁协议条款效力作出认定，中兴天恒公司有权请求法院确认仲裁协议条款无效。依据《仲裁法》第二十条的规定，中兴天恒公司请求法院确认仲裁协议无效的申请，符合法律规定的时间和程序要求。

综上所述，请求法院确认中兴天恒公司与核五建公司之间不存在仲裁协议，并确认《固价结算协议书》中的仲裁条款对中兴天恒公司无效。

核五建公司答辩称，第一，本案主合同约定的争议管辖条款已经被《固价结算协议》中的争议管辖条款所替代。根据《民事诉讼法》第三十三条第一项①、《最高人民法院关于适用〈中华人民共和国民事诉讼法〉的解释》第二十八条第二款的规定，建设工程施工合同纠纷如果未约定仲裁应由工程所在地法院专属管辖，则不能如上述《补充协议（二）》所记载的由合同各方约定为“原告所在地法院”管辖。《补充协议（二）》中上述争议管辖的约定因违反《民事诉讼法》的专属管辖的规定，应视为无效约定。正是因为核五建公司与华丰中天公司签约各方认识到争议管辖约定为无效约定，故双方签订的《固价结算协议》将争议管辖条款统一变更为提交北京仲裁委员会仲裁。《固价结算协议》不仅仅是单纯的结算协议，而是对主合同及《补充协议（一）》《补充协议（二）》等合同的变更和补充，是主合同不可或缺的重要组成部分。《采

① 现为 2023 年修正的《民事诉讼法》第三十四条第一项。——编者注

购施工合同》《补充协议（一）》《补充协议（二）》与《固价结算协议》不冲突，因此，仲裁条款继续有效。

第二，中兴天恒公司虽非协议的签署方，但其与核五建公司签订的《股权质押合同》中明确约定争议解决“按主合同解决争议条款执行”，而并未约定由人民法院审理，其与核五建公司之间存在明确的仲裁条款。若主合同约定法院管辖，则《股权质押合同》由法院管辖，若主合同约定仲裁，则《股权质押合同》由仲裁机构管辖。鉴于主合同及《补充协议（一）》《补偿协议（二）》等一系列已签合同中争议解决条款均已为《固价结算协议》重新约定的争议管辖条款所替代，且协议书为主合同的重要组成部分，《股权质押合同》系主合同的从合同。根据《最高人民法院关于适用〈中华人民共和国民法典〉有关担保制度的解释》第二十一条的规定以及人民法院类似案例，担保人以自身并非主合同的一方当事人，要求确认主合同项下的仲裁条款的效力不及于担保人的申请请求，法院均以不属于法院审理确认仲裁协议效力案件的法定事由，也不属于确认仲裁协议效力案件的审理范围为由，予以驳回。故核五建公司与中兴天恒公司之间的担保纠纷应由北京仲裁委员会管辖。

第三，中兴天恒公司主张案涉仲裁协议无效不符合《仲裁法》的规定，案涉仲裁协议均不存在《仲裁法》第十七条、第十八条规定无效的情形。

综上所述，中兴天恒公司关于确认仲裁协议效力的申请没有事实和法律依据，请求法院予以驳回。

三、北京四中院查明的事实

2016 年 12 月 22 日，发包人华丰中天公司与承包人核五建公司签订《采购施工合同》，《采购施工合同》的主要内容为核五建公司就总承包合同承担设备及材料采购、土建、安装施工直至单机试车、配合完成联动试运转及竣工验收工作。该合同包括合同协议书、通用合同条款、专用合同条款等。在专用条款中第二十条第四款约定，因合同及合同有关事项发生的争议，按下列第二种方式解决：（1）向仲裁委员会申请仲裁；（2）向合同履行地人民法院起诉。

2017 年 6 月 27 日，发包人华丰中天公司与承包人核五建公司签订《补充协议（一）》约定，《采购施工合同》《补充协议（一）》以及基于《采购施工合同》和《补充协议（一）》签订的一系列补充协议等如果在履行过程中发生争议，双方应协商解决，协商不成的，双方均可向原告所在地法院诉讼，除非争议当事人事后另有书面约定。

同日，发包人华丰中天公司与承包人核五建公司及其他案外人签订《补充协议（二）》约定，《采购施工合同》《补充协议（二）》以及基于《采购施工合同》和《补充协议（二）》签订的一系列补充协议等如果在履行过程中发生争议，双方应协商解决，协商不成的，双方均可向原告所在地法院诉讼，除非争议当事人事后另有书面约定。

2018 年 3 月 20 日，出质人中兴天恒公司（原名称为长春中天能源股份有限公司）、质权人核五建公司、债务人华丰中天公司签订《股权质押合同》，其中第二条约定，本合同所担保的主合同为质权人与债务人于 2016 年 12 月 22 日签订的《采购施工合同》、2017 年 6 月 27 日签订的《补充协议（一）》，以及质权人、债务人、潮州华丰集团股份有限公司、潮州市华丰造气厂有限公司于 2017 年 6 月 27 日签订的《补充协议（二）》，上述合同的任何修订或补充，均属于本合同项下之主合同。其中第八条第二款“争议的解决”约定，有关本合同的一切争议可通过友好协商解决，协商不成的，按照主合同解决争议条款执行。争议期间，各方应继续履行未涉及争议的条款。

2021 年 4 月 6 日，发包人华丰中天公司与承包人核五建公司已完成《采购施工合同》固定总价转换确认和结算审核工作，签订《固价结算协议》。该协议书约定的具体内容包括合同固定总价确认和工期调整。其中第三条第三款约定，如果本协议发生争议，友好协商解决，协商不成的，任何一方有权依法向北京仲裁委员会提起仲裁。

北京仲裁委员会依据《固价结算协议》的仲裁条款于 2021 年 6 月 22

日受理争议仲裁案，并将仲裁材料向华丰中天公司、中兴天恒公司进行了送达。目前，仲裁尚未开庭审理。

经北京四中院与核五建公司多次沟通，核五建公司向北京四中院表示，不撤回其向北京仲裁委员会提起的对中兴天恒公司的仲裁申请。

四、北京四中院拟处理意见

北京四中院认为，本案争议焦点为中兴天恒公司与核五建公司之间是否存在仲裁协议，中兴天恒公司是否受到《固价结算协议》仲裁条款的约束。此问题直接影响核五建公司与中兴天恒公司的纠纷解决方式，属于需要解决的先决问题，人民法院应予审查。

首先，仲裁协议是争议得以提交仲裁解决的前提和基础，其是取得仲裁管辖权并排斥司法管辖权的依据。核五建公司提交仲裁的依据为《固价结算协议》，该协议的签订主体为发包人华丰中天公司与承包人核五建公司，中兴天恒公司并非《固价结算协议》的签订主体。

其次，中兴天恒公司、核五建公司、华丰中天公司签订的《股权质押合同》争议解决条款约定，应按照主合同解决争议条款执行。《股权质押合同》的争议解决方式应根据主合同，即《采购施工合同》《补充协议（一）》《补充协议（二）》争议解决条款确定，即将争议提交法院管辖。

最后，中兴天恒公司是否应受《固价结算协议》仲裁条款的约束。双方争议焦点问题在于《固价结算协议》是否属于主合同范畴，《固价结算协议》是否变更了《采购施工合同》《补充协议（一）》《补充协议（二）》《股权质押合同》中的诉讼管辖约定。北京四中院认为，第一，从形式上看，《固价结算协议》是对《采购施工合同》固定总价转换确认和结算审核工作的重新约定。《固价结算协议》与《采购施工合同》应为独立合同。第二，依据《股权质押合同》约定，《采购施工合同》《补充协议（一）》《补充协议（二）》以及上述合同的任何修订或补充，均属于《股权质押合同》项下的主合同，但未明确约定主合同包括其后签订的《固价结算协议》。第三，依据《最高人民法院关于适用〈中华人民共和国民法典〉有关担保制度的解释》第二十一条第一款的规定，主合同或担保合同约定了仲裁条款的，人民法院对约定仲裁条款的合同当事人之间的纠纷无管辖权。依据上述规定，担保合同的争议管辖条款独立于主合同的争议管辖约定。《股权质押合同》并未约定仲裁条款，中兴天恒公司不受《固价结算协议》的仲裁条款约束，应依据《股权质押合同》的约定确定争议管辖法院。第四，从上述合同来看，《固价结算协议》未明确约定对《采购施工合同》《补充协议（一）》《补充协议（二）》《股权质押合同》的争议管辖条款进行变更。中兴天恒公司否认其知晓案涉仲裁条款，亦对仲裁条款不予认可。

综上所述，中兴天恒公司与核五建公司不存在仲裁协议，亦不通过担保法律关系受到《固定结算协议》中的仲裁条款管辖，该仲裁条款对中兴天恒公司无效。

五、我院审查后拟处理意见

我院认为，根据中兴天恒公司、核五建公司、华丰中天公司签订的《股权质押合同》争议解决条款的约定，应按照主合同解决争议条款执行。《股权质押合同》的主合同应为《采购施工合同》，该合同及《补充协议（一）》《补充协议（二）》中的争议管辖条款均确定将争议提交法院管辖。

《固定结算协议》为华丰中天公司与核五建公司之间签订，中兴天恒公司并非该协议的当事人，《固定结算协议》中约定的争议解决条款对中兴天恒公司不具有约束力。综上所述，我院拟同意北京四中院的意见，仲裁条款对中兴天恒公司无效。

因当事人住所地跨省级行政区域，根据《最高人民法院关于仲裁司法审查案件报核问题的有关规定》（法释〔2017〕21 号）第三条第一项之规定，将相关审查意见向贵院报核。

以上意见妥否，请批复。

最高人民法院

关于安徽省利民路桥集团有限责任公司申请确认仲裁协议效力一案请示的复函

2022年3月14日　　　　（2021）最高法民他470号

北京市高级人民法院：

你院京高法（2021）1421号《关于申请人安徽省利民路桥集团有限责任公司与被申请人北京中航大北物业管理有限公司申请确认仲裁协议效力一案的请示》收悉。根据你院请示所述事实，经研究，答复如下：

《最高人民法院关于适用〈中华人民共和国仲裁法〉若干问题的解释》第九条规定："债权债务全部或者部分转让的，仲裁协议对受让人有效，但当事人另有约定、在受让债权债务时受让人明确反对或者不知有单独仲裁协议的除外。"安徽省利民路桥集团有限责任公司（以下简称利民公司）与案外人北京中航瑞信投资管理有限责任公司（以下简称中航瑞信公司）在《房屋转让合同》中约定的争议解决方式是向转让房屋所在地的人民法院起诉，该合同附件五《临时管理规约》中并未载入中航瑞信公司与北京中航大北物业管理有限公司（以下简称中航大北公司）在《北京市前期物业服务合同》《前期物业委托合同》中约定的仲裁条款，也没有证据证明中航大北公司或中航瑞信公司曾向利民公司提示过该仲裁条款，故同意你院关于案涉仲裁条款对利民公司不产生法律约束力的请示意见。

此复

附：

北京市高级人民法院
关于申请人安徽省利民路桥集团有限责任公司与被申请人北京中航大北物业管理有限公司申请确认仲裁协议效力一案的请示

2021 年 11 月 30 日　　京高法（2021）1421 号

最高人民法院：

北京市第四中级人民法院（以下简称北京四中院）立案受理了申请人安徽省利民路桥集团有限责任公司（以下简称利民公司）与被申请人北京中航大北物业管理有限公司（以下简称中航大北公司）申请确认仲裁协议效力一案，北京四中院拟确认中航大北公司提起仲裁所依据的《北京市前期物业服务合同》《前期物业委托合同》中的仲裁条款对利民公司不发生法律约束力并向我院请示。经审查，我院同意北京四中院的意见，根据《最高人民法院关于仲裁司法审查案件报核问题的有关规定》，现将本案有关情况报告并请示如下。

一、当事人基本情况

申请人：利民公司。住所地：安徽省砀山县。

法定代表人：殷某某，该公司经理。

被申请人：中航大北公司。住所地：北京市朝阳区。

法定代表人：潘某某，该公司董事长。

二、仲裁案件受理概况

中航大北公司作为仲裁申请人，以利民公司为仲裁被申请人，于

2021年8月向北京仲裁委员会提交仲裁申请书，仲裁依据是中航大北公司与案外人北京中航瑞信投资管理有限责任公司（以下简称中航瑞信公司）先后于2010年3月8日签订的《北京市前期物业服务合同》、2013年6月28日签订的《前期物业委托合同》、2015年1月5日签订的《前期物业委托合同》、2016年12月23日签订的《前期物业委托合同》争议解决条款的约定，即合同履行过程中发生争议的，双方可以通过友好协商或者向物业所在地物业纠纷人民调解委员会申请调解的方式解决；不愿协商、调解或者协商、调解不成的，可以向北京仲裁委员会申请仲裁。

上述合同中约定由中航大北公司为瑞赛·亦庄E-Park园区提供前期物业服务，物业服务费按照物业建筑面积预交。利民公司与中航瑞信公司于2009年8月27日签订《房屋转让合同》，利民公司购买了瑞赛·亦庄E-Park 5号楼，是案涉房屋的业主，于2010年5月28日接收案涉房屋，其每年应交物业服务费等费用。

中航大北公司的仲裁请求为：（1）裁决利民公司立即向中航大北公司支付自2014年6月15日起至2018年12月31日止的物业服务费及滞纳金，暂合计1592085.30元；（2）裁决利民公司向中航大北公司支付自2014年7月1日起至2018年12月31日止的供暖费、制冷费等合计1785525.22元；（3）裁决利民公司向中航大北公司支付因本案支出的律师费2万元；（4）本案仲裁费用由利民公司负担。

北京仲裁委员会依据《北京市前期物业服务合同》《前期物业委托合同》中的仲裁条款于2021年9月1日予以受理。该案现尚未开庭。

三、申请人申请及被申请人答辩情况

利民公司称，请求法院确认中航大北公司向北京仲裁委员会提起的仲裁案（2021）京仲案字第4679号依据的仲裁协议对利民公司不发生法律约束力。

事实与理由：首先，利民公司从未和中航大北公司直接签订物业服务合同，双方就物业服务争议解决无提交仲裁裁决的意思表示。其次，中航大北公司提交的与产权方中航瑞信公司签订前期物业服务合同中关于争议解决的方式系中航大北公司和中航瑞信公司约定，中航大北公司和中航瑞信公司关于争议解决的约定对利民公司不发生效力。最后，利民公司与中航瑞信公司签订的《房屋转让合同》第十九条关于争议解决方式的约定为依法向房屋所在地人民法院起诉，没有通过仲裁方式解决争议的意思表示。另外，《房屋转让合同》附件五《临时管理规约》第四部分附则第一条中的约定，业主、物业使用人、开发建设单位、物业服务企业违反本规约约定的，受侵害当事人可以申请仲裁，也可以向人民法院提起诉讼。该约定未明确约定仲裁方式为唯一争议解决方式，亦未明确约定仲裁机构的名称。现利民公司不接受通过仲裁方式解决双方争议事项。依据《仲裁法》第十八条之规定，中航大北公司的仲裁协议对利民公司不发生法律约束力。

中航大北公司答辩称，第一，双方之间有仲裁协议并合法有效，北京仲裁委员会系依法受理中航大北公司的仲裁申请，北京仲裁委员会对该案有管辖权。理由如下。

（1）利民公司与中航瑞信公司签订的《房屋转让合同》约定，利民公司同意中航大北公司提供前期物业服务，利民公司受《房屋转让合同》附件五《临时管理规约》及《北京市前期物业服务合同》的约束。

利民公司与中航瑞信公司签订的《房屋转让合同》第十五节“物业服务”第一款约定：甲方（中航瑞信公司）依法选聘的物业管理企业为中航大北公司。第三款约定：甲方（中航瑞信公司）负责监督物业管理企业并按照物业服务合同的约定提供物业服务。第四款约定：有关物业服务内容的《临时管理规约》详见附件五，乙方（利民公司）已详细阅读并同意附件五的全部内容，同意由甲方（中航瑞信公司）依法选聘的物业管理企业提供物业服务，承诺遵守该《临时管理规约》的规定，并承担相关义务。《房屋转让合同》附件五《临时管理规约》第一部分明确中航大北公司提供物业服务，第二部分内容为物业使用、维护和管理，说明利民公司与中航瑞信公司在《房屋转让合同》中明确约定了《临时管理规约》及《北京市前期物业服务合同》，《北京市前期物业服务合同》《临时管理规约》均系《房屋转让合同》的组成部分，利民公司知晓《北京市前期物业服务合同》并同意受《临时管理规约》及《北京市前期物业服务合同》的约束。综上所述，《临时管理规约》及《北京市前期物业服务合同》依法应视为利民公司与中航大北公司之间签订的合同，对双方均有法律约束力。

（2）中航瑞信公司与中航大北公司于2010年3月8日签订的《北京市前期物业服务合同》、于2013年6月28日签订的《前期物业委托合同》、于2015年1月5日签订的《前期物业委托合同》、于2016年12月23日签订的《前期物业委托合同》约定的仲裁条款合法有效，对双方均有法律效力。利民公司是案涉房屋的业主，接受《前期物业委托合同》《北京市前期物业服务合同》的约束。

利民公司自2010年5月28日接收案涉房屋后，中航大北公司依据《临时管理规约》及《北京市前期物业服务合同》约定向其提供物业服务，利民公司并未提出异议。利民公司在《临时管理规约》中已知悉有《北京市前期物业服务合同》，同意中航大北公司提供物业服务，于2010年至2014年间向中航大北公司支付过部分物业费、供暖费、制冷费、电费等，并在中航大北公司提供的业主发文单上签收过催款通知。根据《民法典》第九百三十九条及《物业管理条例》第二十一条的规定，利民公司应受中航大北公司与建设单位中航瑞信公司依法签订的《前期物业委托合同》《北京市前期物业服务合同》的约束，该《北京市前期物业服务合同》《前期物业委托合同》均约定因物业发生争议由北京仲裁委员会仲裁解决，该仲裁条款合法有效。

第二，利民公司与中航瑞信公司之间签订的《房屋转让合同》就争议解决方式的约定，只对《房屋转让合同》签订主体利民公司和中航瑞信公司有效，对中航大北公司没有法律效力，不能用于解决物业争议。

依据《民法典》第四百六十五条第二款“依法成立的合同，仅对当事人具有法律约束力，但是法律另有规定的除外”的规定，利民公司与中航瑞信公司签订的是房屋买卖合同，只能约束利民公司和中航瑞信公司，对于中航大北公司不具有约束力。但依据《房屋转让合同》和相关法律的规定，《北京市前期物业服务合同》对利民公司、中航大北公司均有约束力，利民公司与中航大北公司之间因物业服务发生的争议亦应依据《前期物业委托合同》《北京市前期物业服务合同》约定的争议解决方式解决。

综上所述，利民公司与中航大北公司就物业服务存在合法有效的仲裁协议，北京仲裁委员会对此仲裁案有管辖权，利民公司的申请没有事实和法律依据，请求法院依法驳回利民公司的申请。

四、北京四中院查明事实

2009年8月27日，利民公司与案外人中航瑞信公司签订《房屋转让合同》，利民公司受让了瑞赛·亦庄 E-Park 第5号楼。该合同的第十五条第三款约定，甲方（中航瑞信公司）负责监督物业管理企业按照物业服务合同的约定提供物业服务。第十九条约定，本合同在履行过程中发生的争议，由双方当事人协商解决，协商不成的，按照下列第二种方式解决：（1）提交仲裁委员会仲裁；（2）依法向转让房屋所在地的人民法院起诉。《房屋转让合同》的附件五《临时管理规约》的第三部分第一条中约定，业主委托物业服务企业提供前期物业服务合同约定之外的特约服务的，费用由双方当事人另行约定；第四部分第一条约定，业主、物业使用人、开发建设单位、物业服务企业违反本规约约定的，受侵害当事人可以申请仲裁，也可以向人民法院提起诉讼。

中航瑞信公司作为开发建设单位、中航大北公司作为物业服务企业于2010年3月8日签订《北京市前期物业服务合同》，该合同第二十七条约定，合同履行过程中发生争议的，双方可以通过友好协商或者向物业所在地物业纠纷人民调解委员会申请调解的方式解决；不愿协商、调解或者协商、调解不成的，可以向北京仲裁委员会申请仲裁。中航瑞信公司作为开发建设单位、中航大北公司作为物业服务企业分别于2013年6月

28日、2015年1月5日、2016年12月23日签订《前期物业委托合同》，其中第二十八条约定，合同履行过程中发生争议的，双方可以通过友好协商或者向物业所在地物业纠纷人民调解委员会申请调解的方式解决；不愿协商、调解或者协商、调解不成的，可以向北京仲裁委员会申请仲裁。

北京仲裁委员会依据上述2010年3月8日的《北京市前期物业服务合同》、2013年6月28日的《前期物业委托合同》、2015年1月5日的《前期物业委托合同》、2016年12月23日的《前期物业委托合同》的仲裁条款，于2021年9月1日受理利民公司与中航大北公司之间的争议仲裁案，仲裁案编号为（2021）京仲案字第4679号。截至本案立案之日，仲裁案尚未开庭。

北京四中院审查过程中，中航大北公司未提供证据证明中航大北公司或中航瑞信公司向利民公司提供或者出示过上述《北京市前期物业服务合同》《前期物业委托合同》。

五、北京四中院拟处理意见

北京四中院经审查认为，仲裁协议是争议得以提交仲裁解决的前提和基础。本案利民公司与中航大北公司之间是否存在仲裁协议，此问题直接影响双方的纠纷解决方式，属于需要解决的先决问题，人民法院应予审查。

（一）利民公司与中航大北公司之间并未签署有效的仲裁协议

中航大北公司提交仲裁的依据为《北京市前期物业服务合同》《前期物业委托合同》，该合同的签订主体包括开发建设方中航瑞信公司与物业服务方中航大北公司，并不包括利民公司。

（二）《北京市前期物业服务合同》《前期物业委托合同》中的仲裁条款对利民公司没有法律约束力

首先，利民公司与开发建设方中航瑞信公司于2009年8月27日签订

《房屋转让合同》，中航瑞信公司与中航大北公司签订系列《北京市前期物业服务合同》《前期物业委托合同》的时间为 2010 年后，即利民公司与中航瑞信公司签订《房屋转让合同》之时，中航大北公司提起案涉仲裁的仲裁条款尚不存在。《房屋转让合同》（含附件）中虽有“甲方负责监督物业管理企业按照物业服务合同的约定提供物业服务”“业主委托物业服务企业提供前期物业服务合同约定之外的特约服务的”两处涉及“物业服务合同”“前期物业服务合同”的约定，但利民公司无从知晓《北京市前期物业服务合同》《前期物业委托合同》中仲裁条款的约定。其次，《房屋转让合同》（含附件）的内容亦未显示有中航大北公司提起仲裁所依据的仲裁条款。最后，在北京四中院审查过程中，中航大北公司亦未提供证据证明中航大北公司或中航瑞信公司向利民公司提供或者出示过《北京市前期物业服务合同》《前期物业委托合同》。由此，利民公司无可能仅根据《房屋转让合同》（含附件）的内容便知晓争议仲裁条款的存在。

中航大北公司主张，利民公司知晓中航大北公司提供物业服务，且接受该公司的物业服务，依据《民法典》第九百三十九条的规定，应受《北京市前期物业服务合同》《前期物业委托合同》的约束。对此，北京四中院认为，《民法典》第九百三十九条所规定的建设单位作为合同当事人签订的前期物业服务合同对业主具有法律约束力，源于其他业主对房地产建设单位所签订的前期物业服务合同的概括承受，即建设单位同物业买受人签订房屋买卖合同时，包含了双方之间转让前期物业服务合同的合意，业主因购买房屋，概括受让前期物业服务合同的权利义务。根据《最高人民法院关于适用〈中华人民共和国仲裁法〉若干问题的解释》第九条的规定，债权债务全部或者部分转让的，仲裁协议对受让人有效，但当事人另有约定、在受让债权债务时受让人明确反对或者不知有单独仲裁协议的除外。利民公司虽然知晓并接受了中航大北公司提供的物业服务，但仲裁条款并非前期物业服务合同中的要件性条款或特征性条款，不属于所有的前期物业服务合同必然含有的内容，如前所论述，利民公司无从知晓案涉《北京市前期物业服务合同》《前期物业委托合同》中仲裁条款的存在，因此，案涉《北京市前期物业服务合同》《前期物业委托合同》中仲裁条款对利民公司不发生法律效力。

综上所述，中航大北公司向北京仲裁委员会提起的仲裁案［（2021）京仲案字第4679号］依据的《北京市前期物业服务合同》《前期物业委托合同》中的仲裁条款对利民公司不发生法律约束力。

六、我院审查后拟处理意见

本院认为，利民公司与中航瑞信公司之间签订的《房屋转让合同》就争议解决方式的约定是向转让房屋所在地的人民法院起诉。《房屋转让合同》的附件五《临时管理规约》中约定，业主、物业使用人、开发建设单位、物业服务企业违反本规约约定的，受侵害当事人可以申请仲裁，也可以向人民法院提起诉讼。

中航大北公司向北京仲裁委员会提起的仲裁案依据的《北京市前期物业服务合同》《前期物业委托合同》系与中航瑞信公司签订。前述合同虽约定可以向北京仲裁委员会申请仲裁，但利民公司并非前述合同签约主体且中航大北公司未提供证据证明中航大北公司或中航瑞信公司向利民公司提供或者出示过上述《北京市前期物业服务合同》《前期物业委托合同》。

由于仲裁协议或仲裁条款的独立性，中航大北公司需提供证据证明其与利民公司达成了《仲裁法》第十六条第一款规定的仲裁协议或仲裁条款，或者以其他方式在纠纷发生前或者纠纷发生后达成请求仲裁的合议。中航大北公司未能提供证据证明其与利民公司之间存在仲裁协议或仲裁条款，故我院同意北京四中院的报送意见。

因当事人住所地跨省级行政区域，根据《最高人民法院关于仲裁司法审查案件报核问题的有关规定》（法释〔2017〕21号）第三条第一项之规定，将相关审查意见向贵院报核。

以上意见当否，请批复。

最高人民法院

关于内蒙古翔云通讯科技有限公司申请确认仲裁协议效力一案的复函

2022年3月14日　　　　（2021）最高法民他474号

内蒙古自治区高级人民法院：

你院（2021）内民他15号《关于申请人内蒙古翔云通讯科技有限公司与被申请人海芯华夏（北京）科技股份有限公司申请确认仲裁协议效力一案的请示》收悉。经研究，答复如下：

根据你院请示，海芯华夏（北京）科技股份有限公司与内蒙古翔云通讯科技有限公司在《设备采购合同书》第十五条“合同争议解决方式”中约定：“如不能协商一致的，应将争议提交当地仲裁机构并由该机构按照现行仲裁规则通过仲裁方式解决。”内蒙古翔云通讯科技有限公司住所地为内蒙古自治区呼和浩特市，海芯华夏（北京）科技股份有限公司住所地为北京市海淀区。双方约定的交货地点为呼和浩特市，案涉货物运送目的地为海芯华夏（北京）科技股份有限公司指定地点。因此，根据合同内容不能明确争议解决条款中“当地”的具体指向，故本案应属于仲裁协议对仲裁委员会约定不明确的情形，且未有证据证明双方当事人就仲裁委员会达成补充协议。根据《中华人民共和国仲裁法》第十八条的规定，本案中所涉仲裁协议应认定为无效。综上所述，同意你院处理意见。

此复

附：

内蒙古自治区高级人民法院
关于申请人内蒙古翔云通讯科技有限公司与被申请人海芯华夏（北京）科技股份有限公司申请确认仲裁协议效力一案的请示

2021 年 7 月 8 日　　　　（2021）内民他 15 号

最高人民法院：

内蒙古自治区呼和浩特市中级人民法院立案受理了申请人内蒙古翔云通讯科技有限公司与被申请人海芯华夏（北京）科技股份有限公司申请确认仲裁协议效力一案，该院认为双方签订的《设备采购合同书》中仲裁条款无效。本院审查后，拟同意内蒙古自治区呼和浩特市中级人民法院意见。因被申请人海芯华夏（北京）科技股份有限公司住所地在北京市，依照《最高人民法院关于仲裁司法审查案件报核问题的有关规定》第三条第一项的规定，现报请你院审查。具体案情报告如下。

一、当事人基本情况

申请人：内蒙古翔云通讯科技有限公司。住所地：内蒙古自治区呼和浩特市如意开发区。

法定代表人：李某某，该公司总经理。

被申请人：海芯华夏（北京）科技股份有限公司，住所地：北京市朝阳区。

法定代表人：苏某，该公司总经理。

二、基本案情

2018 年 5 月 21 日，内蒙古翔云通讯科技有限公司与海芯华夏（北京）科技股份有限公司签订《设备采购合同书》，该合同第十五条“合同争议解决方式”约定：“因本合同所发生的与本合同有关一切将由双方当事人通过友好协商解决。如果不能协商一致的，应将争议提交当地仲裁机构并由该机构按照现行仲裁规则通过仲裁方式解决。仲裁解决为终局裁决并且对双方当事人均有约束力。”内蒙古翔云通讯科技有限公司的住所地位于呼和浩特市，海芯华夏（北京）科技股份有限公司的住所地位于北京市。

三、内蒙古自治区呼和浩特市中级人民法院的处理意见和理由

内蒙古自治区呼和浩特市中级人民法院认为，依照《仲裁法》第十六条第二款之规定，仲裁协议应当具有下列内容：（1）请求仲裁的意思表示；（2）仲裁事项；（3）选定的仲裁委员会。本案中，结合案涉合同双方的住所地及合同履行地，“当地”既可以理解为内蒙古自治区呼和浩特市，也可以理解为北京市，故双方约定了两个以上的仲裁机构，且无证据表明双方达成补充协议，依照《最高人民法院关于适用〈中华人民共和国仲裁法〉若干问题的解释》第五条之规定，案涉仲裁协议应属于无效。综上所述，依照《仲裁法》第十八条、第二十条以及《最高人民法院关于适用〈中华人民共和国仲裁法〉若干问题的解释》第五条之规定，拟裁定：确认内蒙古翔云通讯科技有限公司与海芯华夏（北京）科技股份有限公司签订的《设备采购合同书》中的仲裁协议无效。

四、本院审查意见

本院经审查认为，内蒙古翔云通讯科技有限公司与海芯华夏（北京）科技股份有限公司签订的《设备采购合同书》第十五条“合同争议解决方式”约定：“如不能协商一致的，应将争议提交当地仲裁机构并由该机构按照现行仲裁规则通过仲裁方式解决。”仲裁机构的具体名称约定不明确，而“当地”既可以理解为合同履行地，也可以理解为当事人的住所地，当事人的住所地分别在内蒙古自治区呼和浩特市和北京市，且该两

个地区均有仲裁机构，双方当事人就仲裁机构的选择达不成一致意见。从双方当事人“合同争议解决方式”约定条款中，无法确定争议解决的具体仲裁机构。依照《仲裁法》第十八条的规定，双方当事人于合同中订立的仲裁条款应属无效。

综上所述，拟同意内蒙古自治区呼和浩特市中级人民法院确认内蒙古翔云通讯科技有限公司与海芯华夏（北京）科技股份有限公司于 2018 年 5 月 21 日签订的《设备采购合同书》中仲裁条款无效的请示意见。

特此请示。

最高人民法院
关于毕某某与北京玖富普惠信息技术有限公司申请确认仲裁协议效力一案的复函

2022 年 3 月 15 日　　　　　　　　　（2021）最高法民他 472 号

广东省高级人民法院：

你院（2021）粤民他 3 号《关于毕某某与北京玖富普惠信息技术有限公司申请确认仲裁协议效力一案的请示》收悉。经研究，答复如下：

根据你院请示所述事实，案涉《借款协议》的合同双方，借款人为毕某某，出借人为“见《出借人及借款信息》附件一以及顾问代为确认的融资文件”，北京玖富普惠信息技术有限公司（以下简称玖富公司）不是合同当事人，并未在《借款协议》中签字盖章。在本案答辩期间，玖富公司亦自认“并不是该协议的一方当事人，该协议是由毕某某与出借人签署”。在现有证据不足以证明玖富公司与毕某某另行达成仲裁协议的情况下，应当视为玖富公司与毕某某未形成采用仲裁方式解决纠纷的合意，双方之间不存在有效的仲裁协议。同意你院处理意见。

此复

附：

广东省高级人民法院
关于毕某某与北京玖富普惠信息技术有限公司申请确认仲裁协议效力一案的请示

2021年11月24日　　　　　　　　　　　　（2021）粤民他3号

最高人民法院：

广东省湛江市中级人民法院（以下简称湛江中院）受理申请人毕某某与被申请人北京玖富普惠信息技术有限公司（以下简称玖富公司）申请确认仲裁协议效力一案，拟裁定确认毕某某与玖富公司之间不存在仲裁协议，仲裁协议无效，向我院请示。我院经审查，拟同意湛江中院的部分处理意见，确认毕某某与玖富公司之间不存在仲裁协议。因当事人住所地跨省级行政区域，依照《最高人民法院关于仲裁司法审查案件报核问题的有关规定》第三条的规定，特向钧院请示。

一、当事人基本情况

申请人：毕某某，男，1993年3月27日出生，汉族，住黑龙江省哈尔滨市道里区。

被申请人：玖富公司。住所地：北京市房山区。

法定代表人：任某某。

二、当事人申请事由及答辩意见

申请人毕某某向湛江中院提出申请，请求：（1）依法确认毕某某与玖富公司借款合同中的仲裁约定无效；（2）本案申请费由玖富公司承担。事实和理由：2018年4月27日，毕某某与玖富公司签订了《借款协议》。《借款协议》第十一条第四项约定了出现争议时的解决方式，但上述借款协议的落款处只有毕某某的打印签名，日期也是打印的，并没有出借人签字或者盖章，根据《合同法》第二十二条①规定，该协议并未成立和生效。根据《仲裁法》第十六条的规定，上述《借款协议》没有成立和生效，该协议中第十一条第四项约定也未生效，属无效的仲裁协议。综上所述，请求法院支持毕某某的请求。

玖富公司辩称：(1) 毕某某认为《借款协议》的约定违反了仲裁的唯一性和终局性，并申请确认仲裁条款无效属于事实认识错误。《借款协议》中的仲裁条款体现在第十一条第四项，明显确定协议约定的仲裁机构为湛江仲裁委员会并未违反仲裁的唯一性和终局性，毕某某在申请书中所提出的第四条第二款约定并非协议约定的仲裁条款。既然不是仲裁条款那就无法请求确认仲裁条款无效。湛江仲裁委员会依法受理玖富公司的仲裁申请是完全符合《仲裁法》的相关规定的。(2) 毕某某以《借款协议》落款处无借贷双方手写签名且未盖章为由认为该协议未成立和生效属于事实认识错误。第一，毕某某在申请书中表示与玖富公司签订了《借款协议》是明显错误的，玖富公司并不是该协议的一方当事人，该协议是由毕某某与出借人签署的，而玖富公司是从事网络信贷信息中介服务的机构。第二，毕某某通过玖富公司与出借人签订了电子版的《借款协议》，毕某某是完全民事行为能力人，对网络借贷的规则有清楚的认识，其在仔细阅读并对以上协议内容以及存在的风险进行判断之后进行了签署，是其真实意思的表现，并未侵害其权益；同时，毕某某在签署该协议前已经申请了 CA 数字认证并进行了授权，有《CA 个人数字证书申请表及授权委托书》为证，因此，毕某某的电子签名是真实有效且是其真实意思表示，并不存在协议无效或者不成立的事由。故《借款协议》中的仲裁条款是当然有效的。第三，毕某某与出借人签订《借款协议》，其同意并承诺无条件接受玖富公司为其推荐的资金提供方，自资金提供方将借款划付至毕某某专用账户时，其与资金提供方之间建立借款法律关系，毕某某受其签署确认的《借款协议》等文件条款的约束，

① 现为《民法典》第四百八十条。——编者注

并自愿向资金提供方履行还款义务。由于平台匹配的资金提供方众多，全部体现在《借款协议》中不现实，故在协议中借款人信息下面对出借人简略表述为“出借人”，玖富公司提交的诉讼材料中的《出借人及借款信息》附件一和平台自动匹配生成的协议中对借款人及借款信息有清晰的表述，有借款人和出借人的电子签章，因此，协议是真实有效的，即本案的权利义务主体非常明确。

湛江中院审查期间，双方当事人均未提交证据。

三、湛江中院查明事实

2018年4月27日，毕某某在玖富平台上签订《借款协议》，其中第二条约定，玖富公司为《借款协议》中的顾问。第四条约定，顾问不是本协议规定的借贷关系的当事人，出借人与借款人中的任何一方根据借贷关系向对方主张权利时，不得将顾问及顾问合作方列为共同被告，也不得要求顾问及顾问合作方承担连带责任；为维护出借人权利，如借款人出现逾期还款，或借款人已经或可能出现逃避、拒绝沟通或拒绝承认欠款事实等恶意行为的，出借人不可撤销地授权顾问决定对借款人提起诉讼或仲裁。同时，出借人同意在诉讼或仲裁前将债权无偿转让给北京恒元信息技术有限公司，由该公司统一向借款人追索。第九条约定，本协议的签订地及履行地为北京朝阳区；双方同意在签订或履行以上全部条款的同时，约定以签订仲裁调解协议的方式，提交湛江仲裁委员会（湛江国际仲裁院）依其规则及双方认可的互联网或其他方式之简化程序进行确认，以仲裁法律文书的形式确认各方权利义务，当一方不履行时，另一方可直接申请人民法院执行。2020年9月4日，毕某某向湛江中院提出确认仲裁协议效力申请书，请求：确认毕某某与玖富公司《借款协议》中仲裁约定无效，由玖富公司负担本案申请费。

四、湛江中院审查意见

湛江中院认为，本案是申请确认仲裁协议效力案件。《仲裁法》第十六条规定：“仲裁协议包括合同中订立的仲裁条款和以其他书面方式在纠纷发生前或者纠纷发生后达成的请求仲裁的协议。仲裁协议应当具有下列内容：（一）请求仲裁的意思表示；（二）仲裁事项；（三）选定的仲裁委员会。”第十八条规定：“仲裁协议对仲裁事项或者仲裁委员会没有约定或者约定不明确的，当事人可以补充协议；达不成补充协议的，仲裁协议无效。”本案中，玖富公司作为借款平台，既不是《借款协议》的合同当事人，也没有与毕某某达成仲裁协议，另外，玖富公司并未在《借款协议》中签名，不能认定《借款协议》中的仲裁协议是玖富公司的意思表示。显然，《借款协议》中的仲裁协议不能约束玖富公司，故毕某某与玖富公司之间不存在仲裁协议，仲裁协议无效。

综上所述，毕某某的申请确认仲裁协议无效的理由成立，应予采纳。依照《仲裁法》第十六条、第十八条的规定，湛江中院拟认定毕某某与玖富公司之间不存在仲裁协议，该仲裁协议无效。

五、我院审查意见

我院认为，本案为申请确认仲裁协议效力案件。毕某某提交的《借款协议》显示毕某某为借款人，出借人为“见《出借人及借款信息》附件一以及顾问代为确认的融资文件”。玖富公司主张其只是从事网络信贷信息中介服务的机构，不是借贷关系当事人，与《借款协议》关于划款、顾问地位、通知等事项的约定相符。《借款协议》第十一条第四项约定，双方同意以签订仲裁调解协议的方式，提交湛江仲裁委员会（湛江国际仲裁院）依其规则及双方认可的互联网或其他方式之简化程序进行确认，以仲裁法律文书的形式确定各方权利义务，当一方不履行时，另一方可直接申请法院执行。玖富公司并非《借款协议》约定的借贷一方，在现在证据不足以证明玖富公司与毕某某另行达成仲裁协议的情况下，我院拟确认玖富公司与毕某某未形成采用仲裁方式解决纠纷的合意。

综上所述，我院拟同意湛江中院的部分处理意见，确认毕某某与玖富公司之间不存在仲裁协议。

以上意见当否，请批复。

最高人民法院

关于上诉人舟山世纪太平洋化工有限公司与被上诉人安徽丰原国际贸易有限公司、一审被告江苏海德石化集团有限公司等进出口代理合同纠纷管辖权异议上诉一案的复函

2022年3月17日　　　　　　　　（2021）最高法民他478号

安徽省高级人民法院：

你院（2021）皖民辖终76号《关于上诉人舟山世纪太平洋化工有限公司与被上诉人安徽丰原国际贸易有限公司、一审被告江苏海德石化集团有限公司、安徽海德化工科技有限公司、扬州市海德石化有限公司、上海外高桥油品储运销售有限公司、南京久源物流有限公司、黄某某进出口代理合同纠纷管辖权异议上诉一案报核的报告》收悉。经研究，答复如下：

根据你院请示，舟山世纪太平洋化工有限公司（以下简称舟山太平洋公司）与安徽丰原国际贸易有限公司（以下简称安徽丰原国贸公司）、江苏海德石化集团有限公司签订的《仓储服务合同》第十一条约定，三方同意因本合同引起的或与本合同有关的任何争议均应提交合同执行地的仲裁委员会解决。尽管上述约定使用“合同执行地”的表述，但“合同执行地”的表述不符合一般习惯，通常表述为“合同履行地”，故此处的“合同执行地”就是“合同履行地”。根据当事人诉讼请求及合同履行义务，本案涉及的《仓储服务合同》，合同履行地应为舟山太平洋公司

所在地舟山市。鉴于目前舟山市行政区划范围内在司法行政部门登记的只有舟山仲裁委员会一家仲裁机构。案涉合同中的“合同执行地的仲裁委员会”应当确定为舟山仲裁委员会，仲裁条款有效。舟山太平洋公司基于有效仲裁条款提出的主管异议成立。安徽丰原国贸公司与舟山太平洋公司等之间因《仓储服务合同》而产生的争议应当通过仲裁解决，人民法院对上述争议不具有管辖权。

此复

附：

安徽省高级人民法院

关于上诉人舟山世纪太平洋化工有限公司与被上诉人安徽丰原国际贸易有限公司、一审被告江苏海德石化集团有限公司、安徽海德化工科技有限公司、扬州市海德石化有限公司、上海外高桥油品储运销售有限公司、南京久源物流有限公司、黄某某进出口代理合同纠纷管辖权异议上诉一案报核的报告

2021年11月17日　　　　　　　　　　（2021）皖民辖终76号

最高人民法院：

上诉人（原审第三人）舟山世纪太平洋化工有限公司（以下简称舟山太平洋公司）与被上诉人（原审原告）安徽丰原国际贸易有限公司（以下简称安徽丰原国贸公司）、原审被告江苏海德石化集团有限公司（以下简称江苏海德公司）、安徽海德化工科技有限公司（以下简称安徽海德公司）、扬州市海德石化有限公司（以下简称扬州海德公司）、上海

外高桥油品储运销售有限公司（以下简称上海外高桥公司）、南京久源物流有限公司（以下简称南京久源公司）、黄某某进出口代理合同纠纷管辖权异议一案，舟山太平洋公司不服安徽省蚌埠市中级人民法院（以下简称蚌埠中院）（2021）皖03民初74号民事裁定，向我院提出上诉，我院2021年10月19日立案受理后，依法组成合议庭进行审查，认为其提出的管辖权异议不能成立，拟驳回上诉，维持原裁定。根据《最高人民法院关于仲裁司法审查案件报核问题的有关规定》第二条规定，将本案报请贵院审核。现将审查情况报告如下。

一、当事人的基本情况

上诉人（原审第三人）：舟山太平洋公司。住所地：浙江省舟山市定海区马岙镇。

法定代表人：潘某，该公司董事长。

被上诉人（原审原告）：安徽丰原国贸公司。住所地：中国（安徽）自由贸易试验区蚌埠片区禹会区。

法定代表人：梁某，该公司董事长兼总经理。

原审被告：江苏海德公司。住所地：江苏省南京市江北新区。

法定代表人：吴某某，该公司执行董事。

原审被告：安徽海德公司。住所地：安徽省马鞍山市和县乌江镇。

法定代表人：卜某，该公司执行董事兼总经理。

原审被告：扬州海德公司。住所地：江苏省扬州市江都区大桥镇。

法定代表人：游某某，该公司执行董事兼总经理。

原审被告：上海外高桥公司。住所地：上海市浦东新区。

法定代表人：黄某某，该公司董事长。

原审被告：南京久源公司。住所地：江苏省南京市沿江工业开发区。

法定代表人：崔某某，该公司执行董事。

法定代表人：黄某某，该公司执行董事兼总经理。

原审被告：黄某某。

二、一审审理情况

安徽丰原国贸公司诉称，2017年12月12日，安徽丰原国贸公司与江苏海德公司签订协议号为17BBCAI17217-1的《代理进口协议书》，该协议约定江苏海德公司委托安徽丰原国贸公司作为其进口代理人，代理江苏海德公司对外签订和执行编号为LS1701447的进口合同，代理进口的货物为：（1）产品名称、数量、价格：品名混合芳烃，重量（吨）4万MT，单价（美元/吨CIF仪征）USD770/MT，金额（美元）USD3080万，备注数量允许有（4%—5%）的增减幅度，最终单价及金额以境外供货商出具的商业发票为准。同日，安徽丰原国贸公司委托与江苏海德公司的关联公司安徽丰原国货公司签订协议号为17BBCAI17217-2的《代理进口协议书》，该协议约定江苏海德公司委托安徽丰原国贸公司作为其进口代理人，代理江苏海德公司对外签订和执行编号为LS1701447的进口合同，代理进口的货物为：（1）产品名称、数量、价格：品名混合芳烃，重量（吨）2万MT，单价（美元/吨CIF仪征）USD770/MT，金额（美元）USD1540万，备注数量允许有（4%—5%）的增减幅度，最终单价及金额以境外供货商出具的商业发票为准。2018年5月28日，安徽丰原国贸公司与江苏海德公司签订协议号为18BBCAI18085的《代理进口协议书》，该协议约定江苏海德公司委托安徽丰原国贸公司作为其进口代理人，代理江苏海德公司对外签订和执行编号为LS18139039的进口合同，代理进口的货物为：（1）产品名称、数量、价格：品名混合芳烃，重量（吨）1万MT，单价（美元/吨CFR仪征）USD860/MT（暂定），金额（美元）USD860万，备注数量允许有（4%—5%）的增减幅度，最终单价及金额以境外供货商出具的商业发票为准。2019年1月25日，安徽丰原国贸公司与江苏海德公司签订协议号为19BBCAI190125的《代理进口协议书》，该协议约定江苏海德公司委托安徽丰原国贸公司作为其进口代理人，代理江苏海德公司对外签订和执行编号为ES1900003的进口合同，代理进口的货物为：（1）产品名称、数量、价格：品名混合芳烃，重量（吨）4 万 MT，单价（美元/吨 CFR 仪征）USD725/MT（暂定），金额（美元）USD2900 万，备注数量允许有（4%—5%）的增减幅度，最终单价及金额以境外供货商出具的商业发票为准。2019 年 3 月 8 日，安徽丰原国贸公司与江苏海德公司签订协议号为 19BBCAI19061 的《代理进口协议书》，该协议约定江苏海德公司委托安徽丰原国贸公司作为其进口代理人，代理江苏海德公司对外签订和执行编号为 2019/REX7-ABI/S0003 的进口合同，代理进口的货物为：（1）产品名称、数量、价格：品名沥青混合物，重量（吨）52000MT，单价（美元/吨 CIF 青岛/日照）USD725/MT（暂定），金额（美元）USD2700 万，备注数量允许有（4%—5%）的增减幅度，最终单价及金额以境外供货商出具的商业发票为准。上述《代理进口协议书》的条款除了进口合同编号及第二条代理进口的货物的品名、数量、单价等信息不同外，其余条款内容均相同。协议第四条约定了甲方（江苏海德公司）的责任。其中第二款约定，甲方按本协议的规定向乙方（安徽丰原国贸公司）付款，所有款项均以人民币支付，在甲方未付清全部货款前，乙方代理其进口的全部货物的所有权仍属乙方所有。第四款约定，甲方应以电汇方式支付乙方进口合同金额 20%的信用证开证保证金，余下的货款，甲方须以电汇方式在每次提货前付清给乙方当批提货货款或以其他货物质押方式释放相应货权（由乙方决定），保证金冲抵最后货物货款。在履行协议的过程中，当市场价格下跌超过 5%时，甲方应向乙方追加未提货部分货物总值 5%的补充保证金。若甲方未在乙方书面通知后五个工作日内提供相应的保证金，乙方有权自行处理货物。第八款约定，甲方应在信用证押汇到期日前，将进口合同中的全部款项（所有开证银行到单单据总金额）支付给乙方；若甲方自信用证押汇到期前，未将全部货款支付给乙方，则对逾期货款部分，超过时间六十天内的乙方将按中国人民银行规定的利率向甲方计收利息，日利率为欠款金额的 0.05%，对于欠款超过一年的代理业务，逾期利息需进行归本计收逾期利息。逾期时间超过六十天的，除收取逾期利息外，乙方无条件处置委托方的货物，产生的一切损失由甲方承担。

如甲方不履行义务，乙方将启动法律程序维护权益。第五条约定了乙方的责任。其中第六款约定，乙方按实际所有开证银行到单单据总金额的1%向甲方收取代理手续费。乙方以书面方式向甲方提供其开户银行和账号资料，甲方应在接到乙方书面通知后五日内，将全额代理费支付至乙方指定银行账户，同时向甲方开具增值税专用发票。第八条约定了违约责任。其中第二款约定，甲方不履行本协议，或履行本协议不符合约定的，应承担实际所有开证银行到单单据总金额20%的违约金，及承担因此给乙方造成的超出违约金部分的直接和间接损失。安徽海德公司、扬州海德公司、上海外高桥公司、南京久源公司、黄某某作为保证人在上述《代理进口协议书》担保人处签章签名确认，并在协议中承诺对江苏海德公司应付安徽丰原国贸公司的所有款项承担无限连带清偿和无限连带赔偿责任。上述《代理进口协议书》签订后，安徽丰原国贸公司积极履行了代理采购义务，采购了17BBCAI17217-1《代理进口协议书》项下39965.14吨混合芳烃，采购了17BBCAI17217-2《代理进口协议书》项下19982.57吨混合芳烃，采购了18BBCAI18085《代理进口协议书》项下9949.786吨混合芳烃，采购了19BBCAI190125《代理进口协议书》项下40699.666吨混合芳烃，采购了19BBCAI19061《代理进口协议书》项下52000吨沥青混合物。为履行上述《代理进口协议书》，安徽丰原国贸公司共计向境外供货商支付货款人民币742179847.35元，具体包括：为采购17BBCAI17217-1《代理进口协议书》项下39965.14吨混合芳烃支付货款197362005.48元；为采购17BBCAI17217-2《代理进口协议书》项下19982.57吨混合芳烃支付货款96058927.62元；为采购18BBCAI18085《代理进口协议书》项下9949.786吨混合芳烃支付货款55076727.83元；为采购19BBCAI190125《代理进口协议书》项下40699.666吨混合芳烃支付货款209752204.13元；为采购19BBCAI19061《代理进口协议书》项下52000吨沥青混合物支付货款183929982.29元。为了储存上述安徽丰原国贸公司代理进口的混合芳烃，安徽丰原国贸公司、江苏海德公司与舟山太平洋公司三方签订了《仓储服务合同》。根据合同约定，安徽丰原国贸公司、江苏海德公司租赁舟山太平洋公司的罐组，罐容与罐号以实际进货数量和实际进货罐组为准，江苏海德公司按合同约定支付包干费（包括装卸船费、入库存储费等各种费用），舟山太平洋公司在安徽丰原国贸公司货物入场后，向安徽丰原国贸公司及江苏海德公司出具货物入库证明，货权归安徽丰原国贸公司所有，舟山太平洋公司凭安徽丰原国贸公司的正式货权转移证明或发货指令方可向江苏海德公司发货。上述安徽丰原国贸公司代理进口的 110597.162 吨混合芳烃全部储存在舟山太平洋公司。上述代理进口的货物，江苏海德公司已将安徽丰原国贸公司采购的 17BBCAI17217-1 号《代理进口协议书》项下 39965.14 吨混合芳烃分三次提走 18760 吨；将 19BBCAI190125 号《代理进口协议书》项下 40699.666 吨混合芳烃中的 3 万吨混合芳烃以转口贸易形式直接销售给马来西亚的 VITOL 公司；将 19BBCAI19061 号《代理进口协议书》项下 52000 吨沥青混合物全部提走。截至 2020 年 4 月 30 日，安徽丰原国贸公司代理进口的混合芳烃尚有 61837.162 吨储存在舟山太平洋公司储罐内，其中 10699.666 吨系保税未通关的货物。因江苏海德公司欠付安徽丰原国贸公司货款、代理手续费等款项，安徽丰原国贸公司向法院申请诉前保全上述存放在舟山太平洋公司的 61837.162 吨混合芳烃。2021 年 4 月 21 日，法院执行法官到舟山太平洋公司办理保全查封手续时，舟山太平洋公司负责人声称江苏海德公司已凭其指令将 61837.162 吨货物中的 51137.496 吨货物提走，舟山太平洋公司储罐内仅剩 10699.666 吨货物。但安徽丰原国贸公司在 2020 年 4 月 30 日之后从未向江苏海德公司出具过任何形式的货权转移证明或发货指令等提货手续，江苏海德公司提走约 51137.496 吨货物的提货手续显然是其伪造的。截至目前，江苏海德公司尚欠安徽丰原国贸公司 19BBCAI190125 号《代理进口协议书》项下以转口贸易形式出售给 VITOL 公司 3 万吨混合芳烃货物的差价款和进口代理费 30159354.41 元、2019 年 7 月 25 日至 2019 年 8 月 2 日所产生的利息 250982.78 元、银行手续费 545813.95 元、税金 2128635.23 元，共计 33084786.37 元；尚欠 10699.666 吨混合芳烃的进口代理费553935.49元、银行手续费182571.41元。除此之外，江苏海德公司尚欠安徽丰原国贸公司另外四份《代理进口协议书》项下货款145929982.29元、进口代理费1839299.82元、银行手续费472233.84元。

综上所述，原告为维护自身合法权益，根据我国相关法律规定，特诉至法院，请求判令：（1）江苏海德公司向原告安徽丰原国贸公司支付货款145929982.29元、进口代理费1839299.82元、银行手续费472233.84元以及截至2021年5月20日欠款利息30686517.98元（自2021年5月21日起至被告江苏海德公司实际清偿上述欠款之日止的利息仍按协议号为FYGM-JSHD-0805《补充协议》约定的利率标准及计息方式计算）；暂合计178928033.93元；（2）判决被告江苏海德公司向原告安徽丰原国贸公司支付以转口贸易形式出售给VITOL公司3万吨混合芳烃货物的差价款和进口代理费30159354.41元、2019年7月25日至2019年8月2日所产生的利息250982.78元、银行手续费545813.95元、税金2128635.23元以及截至2021年5月20日欠款利息4454111.74元（自2021年5月21日起至被告江苏海德公司实际清偿上述欠款之日止的利息仍按协议号为FYGM-JSH1-0805《补充协议》约定的利率标准及计息方式计算）；暂合计37538898.11元；（3）确认原告安徽丰原国贸公司代理被告江苏海德公司进口后存储在第三人舟山太平洋公司的10699.666吨混合芳烃的货物所有权属于原告安徽丰原国贸公司享有，第三人舟山太平洋公司在原告安徽丰原国贸公司销售上述货物时协助原告安徽丰原国贸公司提货；（4）判决被告江苏海德公司向原告安徽丰原国贸公司赔偿上述10699.666吨混合芳烃货物价值贬损损失（按该部分货物代理采购价值与实际销售价值的差额计算），并向原告安徽丰原国贸公司支付该10699.666吨混合芳烃的进口代理费553935.49元、银行手续费182571.41元以及截至2021年5月20日货款（553935.49元）利息9759123.74元（自2021年5月21日起至被告江苏海德公司实际清偿上述所欠款项之日止的利息仍按协议号为FYGM-JSH0-0805《补充协议》约定的利率标准及计息方式计算）；暂总计10495630.64元；（5）判决被告江苏海德公司向原告安徽丰原国贸公司支付诉讼保全担保保险费128000元、律师代理费100万元；（6）判决被告安徽海德公司、扬州海德公司、上海外高桥公司、南京久源公司和黄某某对被告江苏海德公司的上述付款和赔偿义务向原告安徽丰原国贸公司承担连带责任；（7）判决第三人舟山太平洋公司在未经原告安徽丰原国贸公司同意向被告江苏海德公司私放的51137.496吨混合芳烃价值（进口价值253581509.88元）范围内对原告安徽丰原国贸公司上述债权不能实现部分承担赔偿责任；（8）判决被告共同承担本案的案件受理费、保全费等费用。

舟山太平洋公司在提交答辩状期间，对管辖权提出异议称：蚌埠中院对本案不具有管辖权，应依照《仲裁法》等有关法律规定驳回安徽丰原国贸公司的起诉，或裁定将此案移送至浙江省高级人民法院审理。事实和理由：（1）案涉《仓储服务合同》中约定了明确的仲裁条款，安徽丰原国贸公司基于仓储服务合同法律关系提出相关争议及请求，应由舟山仲裁委员会仲裁解决。根据《最高人民法院关于适用〈中华人民共和国民事诉讼法〉的解释》第二百一十六条及《仲裁法》第二十六条关于当事人达成仲裁协议，一方向人民法院起诉未声明有仲裁协议，人民法院受理后，另一方在首次开庭前提交仲裁协议的，人民法院应当驳回起诉，但仲裁协议无效的除外的规定，2019年3月1日，舟山太平洋公司与安徽丰原国贸公司、江苏海德公司签订《仓储服务合同》一份，其中第十一条约定："三方同意因本合同引起的或与本合同有关的任何争议均应提交合同执行地的仲裁委员会，并最终由它解决。"《仓储服务合同》中的仲裁协议条款对仲裁机构有明确约定，是各方真实意思表示，不违反法律规定，此后三方未变更过争议解决方式，因此，仲裁协议条款合法有效。《仓储服务合同》的合同执行地为舟山市，舟山太平洋公司基于《仓储服务合同》提出的相关争议，应由舟山仲裁委员会仲裁管辖，蚌埠中院对本案不享有管辖权，根据前述《仲裁法》及《最高人民法院关于适用〈中华人民共和国民事诉讼法〉的解释》的规定，本案应当依法驳回安徽丰原国贸公司的起诉。（2）根据最高人民法院相关规定，本案不属于蚌埠中院一审受理的级别管辖范围，蚌埠中院对本案不享有管辖权。根据《最高人民法院关于调整高级人民法院和中级人民法院管辖第一审民商事案件标准的通知》（法发〔2015〕7 号）的规定，浙江省高级人民法院管辖诉讼标的额 3 亿元以上且当事人一方住所地不在受理法院所处省级行政辖区的第一审民商事案件；安徽省高级人民法院管辖诉讼标的额 1 亿元以上且当事人一方住所地不再受理法院所处省级行政辖区的第一审民商事案件。因此，从本案诉讼标的看，安徽省蚌埠中院不符合第一审民商事案件级别管辖的标准。退一步讲，即使本案未约定仲裁管辖，根据《民事诉讼法》第二十三条①的规定："因合同纠纷提起的诉讼，由被告住所地或者合同履行地人民法院管辖"及前述最高人民法院关于级别管辖之规定，本案《仓储服务合同》的被告住所地及合同履行地均为浙江省舟山市，亦应移送浙江省高级人民法院管辖。（3）安徽丰原国贸公司请求舟山太平洋公司承担相关赔偿责任的诉请与本案委托代理（进口）合同之诉合并审理无事实与法律依据。虽然《最高人民法院关于印发修改后的〈民事案件案由规定〉的通知》（法〔2020〕347 号）第五条第三款规定："存在多个法律关系时个案案由的确定。同一诉讼中涉及两个以上的法律关系的，应当根据当事人诉争的法律关系的性质确定个案案由；均为诉争的法律关系的，则按诉争的两个以上法律关系并列确定相应的案由。"但这仅指当事人是基于同一法律事实向法院起诉时，其诉争的法律关系涉及两个以上法律关系的，可按并列的两个案由进行立案，并非意味着对《民事诉讼法》中规定的诉的合并的条件有所突破，更不能理解为可将不同当事人、不同法律关系、不同法律事实的案件予以合并审理。本案安徽丰原国贸公司提起的委托代理（进口）合同之诉，系基于与案涉被告的委托代理合同法律关系及双方在履行过程中的代理进口行为、款项支付、违约等事实，系委托代理合同纠纷。而舟山太平洋公司并非本案委托代理合同的当事主体，与安徽丰原国贸公司基于该

① 现为 2023 年修正的《民事诉讼法》第二十四条。——编者注

法律关系提出的诉请之间亦无任何权利义务关系；安徽丰原国贸公司基于与舟山太平洋公司及江苏海德公司之间的《仓储服务合同》诉请要求舟山太平洋公司承担相关赔偿责任，系仓储服务合同纠纷。无论是合同主体，还是履行标的类型及范围甚至法律的性质、后果及管辖等均不相同，是基于不同的法律关系、不同的当事人、不同的法律事实、后果的不同民事案由，故不应合并审理。

蚌埠中院经审查认为，本案为进出口代理合同纠纷。根据《民事诉讼法》第三十四条①规定："合同或者其他财产权益纠纷的当事人可以书面协议选择被告住所地、合同履行地、合同签订地、原告住所地、标的物所在地等与争议有实际联系的地点的人民法院管辖，但不得违反本法对级别管辖和专属管辖的规定。"安徽丰原国贸公司与各被告签订的《代理进口协议书》第十条约定："本协议未尽事宜，可另行协商并签订补充协议。补充协议及进口合同为本协议不可分割的组成部分；如发生争议的，应协商解决，解决不成的，应向乙方所在地人民法院提起诉讼。"该约定合法有效。舟山太平洋公司在管辖权异议书中称，应按照其与原告、江苏海德公司于2019年3月1日签订的《仓储服务合同》确定管辖，在该合同中，三方约定因该仓储合同发生的任何争议应提交合同执行地的仲裁委员会解决。但在本案中，舟山太平洋公司为第三人，且该仓储合同并未约定合同执行地，各方当事人对此有异议。《仓储服务合同》第十条第一款第二项约定，"舟山太平洋公司凭安徽丰原国贸公司的正式货权转移证明或发货指令向江苏海德公司发运货物"，故原告住所地亦可视为合同执行地之一。该仓储合同关于管辖的约定不明确，根据《仲裁法》第十八条规定："仲裁协议对仲裁事项或者仲裁委员会没有约定或者约定不明确的，当事人可以补充协议；达不成补充协议的，仲裁协议无效。"三方在对合同执行地有争议的情况下，并未达成补充协议，该管辖约定应为无效约定。在《代理进口协议书》中，乙方为安徽丰原国贸公司。

① 现为2023年修正的《民事诉讼法》第三十五条，下同。——编者注

安徽丰原国贸公司所在地为中国（安徽）自由贸易试验区蚌埠片区禹会区，位于安徽省蚌埠市行政区划内。案涉标的额在起诉时为228090562.68元，未超过《最高人民法院关于调整高级人民法院和中级人民法院管辖第一审民商事案件标准的通知》（法发〔2019〕14号）第一条关于“中级人民法院管辖第一审民事案件的诉讼标的额上线原则上为50亿（人民币）”的规定。该院受理此案亦未违反专属管辖的规定。故该院有权审理此案。关于安徽丰原国贸公司要求舟山太平洋公司承担赔偿责任的诉请是否应在本案中处理，属于实体审理问题，该院在本案程序性审查中不予处理。综上所述，被告舟山太平洋公司的异议请求不能成立，法院不予支持。依照《民事诉讼法》第一百二十七条①第一款之规定，裁定：驳回舟山太平洋公司对本案管辖权提出的异议。

三、上诉和答辩意见

舟山太平洋公司上诉称：（1）案涉《仓储服务合同》中约定了明确的仲裁条款，合法有效。一审法院以“仓储合同关于管辖约定不明”为由，认定管辖约定无效，认定事实不清，适用法律错误。被上诉人基于仓储服务合同法律关系提出相关争议及请求，应由舟山仲裁委员会仲裁解决。上诉人与被上诉人、江苏海德公司所签订《仓储服务合同》第十一条明确约定：“三方同意因本合同引起的或者与本合同有关的任何争议均应提交合同执行地仲裁委员会，并最终由它解决。”该仲裁管辖条款系各方真实意思表示，应属合法有效。一审法院以“仓储合同并未约定合同执行地，各方当事人对此持有异议”，同时，认为根据《仓储服务合同》第十一条第一款第二项约定：“舟山太平洋公司凭安徽丰原国贸公司的正式货权转移证明或发货指令向江苏海德公司发运货物”，故认为原告住所地亦可视为合同执行地之一，进而认为该仓储合同属于约定不明，以此认定管辖约定无效，于法无据。首先，本案上诉人与被上诉人系基

① 现为2023年修正的《民事诉讼法》第一百三十条。——编者注

于《仓储服务合同》产生法律纠纷，《仓储服务合同》区别于一般类型的经济合同，其签订的根本目的和主要内容即为货物在特定仓储地点的仓储保管。因此，双方的合同履行内容及流程均围绕该仓储保管行为而展开，从仓储货物仓储前的运输接卸、仓储、货物的验视，到提货通知的接收、后续出运货物的交付，全流程均与仓储地点的仓储货物高度紧密相连。而《仓储服务合同》明确约定，作出评价地点为浙江省舟山市定海区马岙镇。因此，无论是合同的事实履行还是合同中对于仓储地的明确约定，均为浙江省舟山市定海区马岙镇，即本案合同地为浙江省舟山市。该合同履行地的确定应当是明确且排他的，甚至一审法院所提到的仓储合同约定“舟山太平洋公司凭安徽丰原国贸公司的正式货权转移证明或发货指令向江苏海德公司发运货物”，是对合同所载明的发货条件与发货义务的约定，而履行该约定发货条件与发货义务的履行地亦为该货物仓储地，以此条约定认定仓储合同执行地约定不明，进而否认仲裁条款的约定效力，无事实与法律依据。更何况，一审法院所称“各方当事人对此持有异议”，认为“三方在对执行地有争议的情况下，未达成补充协议，该管辖约定无效”有悖于事实。各方当事人包括被上诉人从与江苏海德公司在 2019 年 3 月 1 日签订《仓储服务合同》后至今，从未对该仲裁管辖条款以及合同执行地提出过任何异议，即使有争议，也无任何证据表明“无法达成补充协议”，一审法院以此即认定无效，无事实依据。（2）被上诉人将不符合诉的合并的两个不同法律关系混同作为一个案件起诉，不符合起诉的受理条件，应当属于程序性审查范围，一审法院认为其属于实体审理问题不予审查，系法律适用错误。《民事诉讼法》第五十五条第一款规定：“当事人一方或者双方为二人以上，其诉讼标的是共同的，或者诉讼标的是同一种类、人民法院认为可以合并审理并经当事人同意的，为共同诉讼。”由此可见，诉的合并审理是有条件的。虽然《最高人民法院关于印发修改后的〈民事案件案由规定〉的通知》（法〔2020〕347 号）第五条第三款规定：“同一诉讼中涉及两个以上的法律关系的，应当根据当事人诉争的法律关系的性质确定个案案由；均为诉争的法律关系的，则按诉争的两个以上法律关系并列确定相应的案由。”但这仅指当事人是基于同一法律事实向法院起诉时，其诉争的法律关系涉及两个以上法律关系的，可按并列的两个案由进行立案，并非意味着对《民事诉讼法》中规定的诉的合并的条件有所突破，更不能理解为可将不同当事人、不同法律关系、不同法律事实的案件予以合并审理。而被上诉人违反《民事诉讼法》的前述规定，将两个涉及不同主体、不同法律关系、不同法律事实的案件在一案中混同起诉，不同的实体权利在一个案件中行使，其起诉不符合法律规定。而起诉是否符合法律规定是法院审理判决的前提要件，一审法院认为是实体审理问题，在本案程序性审查中不予处理，系适用法律错误，违反了法律规定。（3）根据被上诉人所列诉请及相关事实与理由，实质上上诉人应列为本案被告，安徽丰原国贸公司不仅无视仲裁约定条款，而且混同不符合合并审理条件、起诉条件的两个完全不同法律关系的案件予以起诉，又将上诉人列为第三人而非被告，存在恶意规避管辖的嫌疑。综上所述，请二审法院将上述情况予以查明，撤销蚌埠中院（2021）皖 03 民初 74 号民事裁定，确认蚌埠中院对本案无管辖权，并裁定驳回被上诉人的起诉。民事诉讼的第三人是指对他人之间的诉讼标的有权主张独立的权利，或者虽然没有独立请求权，但案件的处理结果与其有法律上的利害关系，因而参加到他人之间已经开始的诉讼中的人。根据被上诉人的第三项、第七项诉请请求，实质上，上诉人已非法定意义的第三人，而是基于上诉人与被上诉人所涉的《仓储服务合同》法律关系，对上诉人提出了明确的、与上诉人利害关系高度密切的、直接的诉讼主张。按照民事诉讼原理，被告是指被原告提出指控而与原告处于对立地位的人。根据上诉人前述意见，本案不应一并起诉，那么退一步讲，即使是一并起诉的情况下，根据被上诉人所陈述的请求与事实理由，上诉人实质上亦应是处于被告的诉讼地位。但微妙的是，被上诉人技巧性地在本案起诉时将上诉人列为第三人，一方面，可以在案由上主张系委托代理进口合同纠纷，基于其与本案被告所签订的《代理进口协议书》约定，适用由其所在地人民法院管辖的约定；另一方面，借用其与第三方约定的诉讼管辖优势，以《代理进口协议书》的相对方为被告，以规避申请人与其约定的仲裁条款，这也是为何被上诉人要将两个完全不同法律关系、不同事实、不同标的案件予以混同起诉的合理解释之一。同时，被上诉人将实质上处于被告诉讼地位的上诉人，列为第三人，可能的解释是被上诉人欲对上诉人提出诉讼主张，但又限制于仲裁管辖的约定，将上诉人列为第三人，在法律上对上诉人管辖异议等诉讼权利造成阻碍，从诉讼程序上，排除上诉人的诉讼权利，达到规避管辖的目的。综上所述，一审法院认定事实不清、法律适用错误。请二审法院撤销一审法院（2021）皖03民初74号民事裁定，确认蚌埠中院对本案无管辖权，并裁定驳回被上诉人的起诉。

安徽丰原国贸公司答辩称：第一，《仓储服务合同》中仲裁条款对仲裁委员会约定不明确，且由于各方当事人在本案诉讼前未能就仲裁机构的选定达成补充协议，因此该仲裁条款应为无效。（1）舟山太平洋公司以《仓储服务合同》中约定了仲裁条款为由，认为基于仓储服务合同法律关系提出的相关争议及请求，应由舟山仲裁委员会仲裁解决的上诉理由，其实质是对本案提出主管异议。（2）《仓储服务合同》中仲裁条款约定的仲裁委员会为“合同执行地的仲裁委员会”，而《仓储服务合同》并未明确约定合同执行地的具体地点。根据《仲裁法》第十八条的规定应认定《仓储服务合同》中约定的上述仲裁条款属于无效。（3）按照舟山太平洋公司主张的《仓储服务合同》的执行地应为货物仓储地浙江省舟山市定海区马岙镇（只是假定，并非自认），定海区马岙镇属于舟山市辖区，也属于浙江省辖区，中华人民共和国辖区，而在浙江省、中华人民共和国辖区内有数家仲裁委员会，因此，即便按照舟山太平洋公司主张的《仓储服务合同》的执行地为浙江省舟山市定海区马岙镇，也不能得出“合同执行地的仲裁委员会”就是舟山仲裁委员会的结论。第二，舟山太平洋公司上诉提出安徽丰原国贸公司将不符合诉的合并的两个不同法律关系合并混同作为一个案件起诉，不符合起诉的受理条件，将其列为本案第三人并向其提出相关的诉讼主张，存在恶意规避管辖的嫌疑，既无事实和法律依据，也不属于管辖权异议程序审查的事项。（1）根据《民事诉讼法》及其司法解释的有关规定，管辖权异议提起的主体只能是本诉被告，舟山太平洋公司作为本案的第三人不具有提起管辖权异议的主体资格。（2）舟山太平洋公司此节上诉主张实质是对安徽丰原国贸公司将其列为本案第三人而提出的异议。根据《民事诉讼法》及其司法解释的相关规定，案件属于受诉人民法院管辖是法定起诉条件之一，案件管辖问题属于人民法院依职权审查的范围，人民法院在立案阶段、管辖权异议程序中以及一审开庭前都可以依法予以审查。但在管辖权异议程序中，第三人或被告是否适格、是否需要承担法律责任等问题不属于应予审查的范畴，有关其是否适格、是否需要承担法律责任的问题，应在实体审理阶段进行审查。

四、处理意见和理由

本院认为，本案的焦点为案涉纠纷所涉合同中的仲裁条款是否有效，蚌埠中院对该案是否具有管辖权。具体分析如下。

第一，江苏海德公司（甲方）、安徽丰原国贸公司（乙方）、安徽海德公司（担保人）等于 2017 年 12 月 12 日签订的《代理进口协议书》第十条约定："本协议未尽事宜，可另行协商并签订补充协议。补充协议及进口合同为本协议不可分割的组成部分；如发生争议，应协商解决，解决不成的，应向乙方所在地的人民法院提起诉讼。"该协议合法有效，故安徽丰原国贸公司以履行上述《代理进口协议书》发生纠纷起诉至其所在地的蚌埠中院，符合上述约定，也不违反《民事诉讼法》第三十四条的规定。舟山太平洋公司的此节上诉理由不能成立，不予支持。

第二，本案第三人舟山太平洋公司（乙方）以其与安徽丰原国贸公司（甲方）、江苏海德公司（丙方）于 2019 年 3 月 1 日签订的《仓储服务合同》第十一条约定仲裁条款为由，上诉提出管辖权异议。该条约定，"三方同意因本合同引起的或与本合同有关的任何争议均应提交合同执行地的仲裁委员会，并最终由它解决"。舟山太平洋公司认为，《仓储服务合同》的合同执行地为舟山市，舟山太平洋公司基于《仓储服务合同》而提出的相关争议，应由舟山仲裁委员会仲裁管辖。本院审查认为，《仓储服务合同》并未就合同执行地为何处进行约定，各方当事人对此理解不一，而执行地也不能等同于合同标的物仓储地，并不必然得出合同执行地就是舟山市的结论，故该仓储合同关于管辖的约定不明确。此外，合同三方当事人也未就此达成补充协议。一审法院据此依据《仲裁法》第十八条规定认为该仲裁协议无效，并无不当。舟山太平洋公司的上诉理由不能成立，不予支持。

综上所述，依据《民事诉讼法》的相关规定，蚌埠中院对本案具有管辖权，本院拟裁定驳回舟山太平洋公司的上诉，维持原裁定。根据《最高人民法院关于仲裁司法审查案件报核问题的有关规定》（法释〔2017〕21号）第二条、第三条第一项、第七条的规定，特向贵院报核。

以上意见妥否，请审核。

最高人民法院

关于德某·可可托维奇与上海恩渥餐饮管理有限公司、吕某劳务合同纠纷一案涉外仲裁协议效力问题的复函

2022年4月19日　　　　　　　　　　（2020）最高法民他324号

上海市高级人民法院：

你院（2020）沪民他29号《关于德某·可可托维奇与上海恩渥餐饮管理有限公司、吕某劳务合同纠纷一案涉外仲裁协议效力问题的请示》收悉。经研究，答复如下：

首先，国际足联球员身份委员会（FIFA Players'Status Committee）作出的案涉《单一法官裁决》（Decision of Single Judge）并非《承认及执行外国仲裁裁决公约》即《纽约公约》项下的仲裁裁决。《纽约公约》第一条第一款规定："仲裁裁决，因自然人或法人间之争议而产生且在声请承认及执行地所在国以外之国家领土内作成者，其承认及执行适用本公约。……"该条第二款规定："'仲裁裁决'一词不仅指专案选派之仲裁员所作裁决，亦指当事人提请仲裁之常设仲裁机关所作裁决。"《纽约公约》没有对"仲裁裁决"的定义作进一步阐述，根据《维也纳条约法公约》第三十一条的解释规则，条约应依其用语按其上下文并参照条约之目的及宗旨所具有之通常意义，善意解释之。根据《纽约公约》的目的、

宗旨以及上下文规定，仲裁裁决是常设仲裁机关或专案仲裁员基于当事人的仲裁协议，对当事人提交的争议作出的终局性、有约束力的裁决。第一，国际足联球员身份委员会系国际足联内设的自治纠纷解决机构，并非具有独立性的仲裁机构。国际足联球员身份委员会依据《球员身份与转会规定》和《关于球员身份委员会和争议解决委员会的程序和适用规则》受理并处理争议。其中，《球员身份与转会规定》第二十二条c项和第二十三条第一款规定，球员身份委员会有权管辖俱乐部或球员组织与教练之间的国际劳资争议，但国内法层面存在能够保障公正程序的独立仲裁机构除外。即上述规定明确将国际足联球员身份委员会区别于独立的仲裁机构。第二，国际足联球员身份委员会作出的《单一法官裁决》性质是国际单项体育活动组织对会员单位作出的内部决定，主要靠足球行业内部自治机制（扣分、罚款、降级、禁赛、禁止转会等）获得执行。《球员身份与转会规定》第二十二条规定，国际足联处理该条规定的争议并不影响球员或俱乐部就雇佣争议向法院寻求救济的权利。《球员身份与转会规定》第二十三条第四款规定，对国际足联球员身份委员会决定不服的可以向国际体育仲裁院提起上诉。因此，国际足联球员身份委员会的决定程序并非仲裁程序，而是行业自治解决纠纷的内部程序，不具有排除法院管辖权的效力。本案双方当事人亦不认可案涉《单一法官裁决》是仲裁裁决。综上所述，不宜将国际足联球员身份委员会作出的《单一法官裁决》视为《纽约公约》项下的外国仲裁裁决。

其次，关于人民法院能否对本案行使管辖权的问题。案涉当事人签订的《解除合同协议》第五条第二款约定："如果国际足联对于任何争议不享有管辖权的，协议方应当将上述争议提交至国际体育仲裁院，根据《与体育相关的仲裁规则》予以受理。相关仲裁程序应当在瑞士洛桑举行。所有仲裁行为均应使用英语，并由国际体育仲裁院委任一名仲裁员进行审理。"由于当事人未约定仲裁协议适用的准据法，依据《中华人民共和国涉外民事法律关系适用法》第十八条"当事人可以协议选择仲裁协议适用的法律。当事人没有选择的，适用仲裁机构所在地法律或者仲裁地法律”的规定，案涉仲裁协议效力准据法为瑞士法。

经查明，《瑞士联邦国际私法》第一百七十八条就仲裁协议效力规定如下：“（一）在形式上，仲裁协议如果是通过书写、电报、电传、传真或其他可构成书面证明的通讯方式作出，即为有效。（二）在实质上，仲裁协议如果符合当事人所选择的法律或支配争议标的的法律尤其是适用于主合同的法律或瑞士的法律所规定的条件，即为有效。（三）对仲裁协议的有效性不得以主合同可能无效或仲裁协议是针对尚未发生的争议为理由而提出异议。”《解除合同协议》第五条第二款的约定符合《瑞士联邦国际私法》第一百七十八条有关仲裁条款效力的要求，该仲裁条款本身是有效的。但案涉协议第五条第二款同时约定了提交至国际体育仲裁院仲裁的纠纷范围，即只有“国际足联不享有管辖权”的纠纷才可以依照该仲裁条款提交国际体育仲裁院仲裁。本案中，国际足联球员身份委员会已经受理并作出《单一法官裁决》，即本案纠纷已经由国际足联行使管辖权，故不属于可以提交国际体育仲裁院仲裁的纠纷范围。案涉协议第五条第二款的仲裁条款不适用于本案纠纷，故不能排除上海市徐汇区人民法院作为被告住所地人民法院对本案纠纷行使管辖权。综上所述，同意你院少数意见。

此复

附：

上海市高级人民法院
关于德某·可可托维奇与上海恩渥餐饮管理有限公司、吕某劳务合同纠纷一案涉外仲裁协议效力问题的请示

2020年11月　　　　　　　　　　　　　（2020）沪民他29号

最高人民法院：

上海市徐汇区人民法院（以下简称徐汇区法院）在审理德某·可可托维奇与上海恩渥餐饮管理有限公司（以下简称恩渥公司）、吕某劳务合同纠纷一案中，以案涉合同已就争议解决方式明确排除了人民法院对争议的管辖权为由，裁定驳回德某·可可托维奇的起诉。德某·可可托维奇不服，向上海市第一中级人民法院（以下简称上海一中院）提起上诉。上海一中院经审查，拟认定案涉合同中的仲裁条款无效，不能排除人民法院对案涉纠纷的管辖权，并就此向我院申请逐级报核。我院经审查后，对该案处理存在不同意见，特向贵院提出请示。

一、当事人基本情况

上诉人（原审原告）：德某·可可托维奇，男，1953年3月1日出生，塞尔维亚共和国国籍，现住塞尔维亚。

被上诉人（原审被告）：恩渥公司，住所地：上海市徐汇区。

法定代表人：吕某。

被上诉人（原审被告）：吕某，1970年6月20日出生，住上海市长宁区。

二、基本案情

上海聚运动足球俱乐部有限公司（以下简称聚运动公司）成立于

2013年8月，经营范围为足球俱乐部的经营与管理、承办体育赛事等。2017年1月23日，聚运动公司与德某·可可托维奇签订《职业教练工作合同》，约定德某·可可托维奇作为职业教练为聚运动公司提供劳务。2017年7月1日，双方签订《解除合同协议》。该协议约定：鉴于聚运动公司以及教练已签署了工作合同，并在中国足协进行注册，失效日期为2017年12月19日，因此，鉴于上述内容以及国际足联的适用法规，特别是《球员身份与转会规定》所规定的内容，各协议方再次达成以下约定：（1）工作合同于2017年7月1日终止。（2）财务结算。第二条第一款约定，聚运动公司应当向教练支付合同项下剩余的所有工资（净金额为人民币446600元）以及两个月的住房补贴（净金额为人民币27200元），支付日期不晚于2017年9月15日。第二条第二款约定，如果聚运动公司未能在上述期间内向教练支付上述金额，则应当自2017年9月16日起按5%的年利率支付利息……（4）管辖法律。第四条第一款约定，本解除协议受《球员身份与转会规定》以及国际足联不时制定的补充规则的管辖并应根据该等法规进行解释。（5）争议解决。第五条第一款约定，与本解除合同协议相关，或由此产生的任何争议或诉讼，应当受限于国际足联球员身份委员会或任何其他国际足联有权机构的管理。第五条第二款约定，如果国际足联对于任何争议不享有管辖权的，协议方应当将上述争议提交至国际体育仲裁院，根据《与体育相关的仲裁规则》予以受理。相关仲裁程序应当在瑞士洛桑举行。所有仲裁行为均应使用英语，并由国际体育仲裁院委任一名仲裁员进行审理。

因聚运动公司未根据《解除合同协议》支付相应款项，德某·可可托维奇向国际足联球员身份委员会（以下简称球员身份委员会）申请解决本案争议。球员身份委员会于2018年6月5日作出《单一法官裁决》。该裁决要求聚运动公司应自裁决予以通知之日起三十日内向德某·可可托维奇支付尚未支付的报酬，金额为人民币473800元，且应当就2017年9月16日至有效支付日期期间，按5%年利率就上述金额支付利息。《单一法官裁决》还载明，国际足联秘书处应当在收到裁决结果通知之日起的十日内收到关于提供裁决理由的书面申请，如果未能在上述日期之前提出请求，相关裁决将成为终局性、具有约束力的裁决，且视为各方已放弃提出上诉的权利。

2018 年 2 月 26 日，聚运动公司的企业性质变更为自然人独资的有限责任公司，吕某登记为其独资股东。2018 年 12 月 17 日，聚运动公司名称变更为恩渥公司，经营范围由原来的“足球俱乐部的经营与管理”等变更为“餐饮企业管理”等。

因恩渥公司未按照《单一法官裁决》支付相关款项，且因聚运动俱乐部已解散并已不再在中国足球协会注册，上述裁决无法通过足球行业自治机制获得执行，德某·可可托维奇向徐汇区法院提起本案诉讼。德某·可可托维奇一审诉讼请求：(1) 判令恩渥公司向德某·可可托维奇支付 652955. 5 元；(2) 判令吕某就上述诉讼请求承担连带责任。2020 年 1 月 14 日，徐汇区法院立案受理了本案 [(2020) 沪 0104 民初 1814 号]。一审审理期间，恩渥公司和吕某向法院提出管辖权异议，认为《解除合同协议》第五条第二款明确约定，如果国际足联对于任何争议不享有司法管辖权的，协议方应当将案涉争议提交国际体育仲裁院处理。因此，依照《仲裁法》第五条等法律规定，案涉争议应当由国际体育仲裁院审理，人民法院无管辖权。据此，请求一审法院裁定对本案不予受理。

三、一审、二审法院审理情况

(一) 一审法院处理情况

徐汇区法院经审查认为，根据聚运动公司与德某·可可托维奇签订的《解除合同协议》第五条的约定，双方当事人已就争议解决方式明确排除了人民法院对争议的管辖权。据此，一审法院作出裁定：驳回德某·可可托维奇的起诉。

(二) 二审法院拟处意见

徐汇区法院作出一审裁定后，德某·可可托维奇不服，向上海一中院提起上诉。德某·可可托维奇上诉请求：撤销一审裁定，指令一审法院继续审理本案。事实与理由：《解除合同协议》第五条项下分别约定了两种不同的争议解决方式，仲裁仅为可能的争议解决形式，不具备确定性和唯一性。对于不唯一的仲裁条款应当认定为无效条款。即使视为附条件生效的条款也因条件未成就而未生效。因聚运动俱乐部已解散且不再在中国足球协会注册，球员身份委员会作出的《单一法官裁决》无法通过足球行业自治机制执行，向法院起诉系德某·可可托维奇的唯一救济途径。二审中，恩渥公司和吕某坚持其在一审中提出的答辩意见。

上海一中院经审查认为，根据德某·可可托维奇的委托诉讼代理人提交的案涉合同翻译件，《解除合同协议》第五条第二款应翻译为“如果国际足联对于任何争议不行使管辖权，协议方应当将上述争议提交至国际体育仲裁院，根据《与体育相关的仲裁规则》予以处理……”根据该约定，协议方将上述争议提交至国际体育仲裁院应满足“国际足联对争议不行使管辖权”的条件，现球员身份委员会就该争议作出《单一法官裁决》，故应当排除第五条第二款的适用。球员身份委员会系国际足联的内设机构，案涉合同第五条第一款“应当受限于国际足联球员身份委员或任何其他国际足联有权机构的管理”系基于协会自治的内部程序，不属于《仲裁法》规定的仲裁程序，不应排除法院对本案的管辖权。据此，法院拟认定系争仲裁条款无效，裁定撤销徐汇区法院作出的一审裁定，指令徐汇区法院审理本案。

四、我院拟处意见

经研究，我院就该案处理形成以下两种意见。

第一种意见认为，从充分尊重体育行业自治的司法原则和体现我国法院践行开放型司法理念的实际出发，可以将球员身份委员会作出的《单一法官裁决》视为外国生效仲裁裁决，义务人未按该裁决履行相应义务的，权利人可以参照申请承认与执行外国仲裁裁决程序寻求救济。主要理由包括：（1）国际体育仲裁裁决属于《纽约公约》规定的仲裁裁决。《纽约公约》第一条第一款规定，仲裁裁决，因自然人或法人间之争议而产生且在声请承认与执行地所在国以外之国家领土内作成者，其承认及执行适用本公约；本公约对于仲裁裁决经声请承认及执行所在国认为非内国裁决者，亦适用之。按照国内多数学者及较多国家司法实践的观点，根据《纽约公约》上述规定，只要仲裁裁决是在请求承认和执行裁决的国家领土之外作出的，不管争议性质如何，均可适用《纽约公约》。在实践中，我国地方法院已有作出承认与执行国际体育仲裁院仲裁裁决的裁定。（2）案涉《单一法官裁决》属于相关体育仲裁程序中的有效决定，且按照相应程序规则已对双方当事人发生法律效力。球员身份委员会确系国际足联的内设机构，但以此为由否认其作为仲裁组织的性质，理由并不充分。根据国际足联的章程及其有关规定，球员身份委员会系国际足联的常设委员会之一，也是国际足球运动行业内对有关俱乐部或协会与教练员之间的国际劳资争议等纠纷进行裁决的专门的纠纷解决组织；球员身份委员会建立了专门的、较为健全的纠纷解决程序规则（如《球员身份与转会规定》《关于球员身份委员会和争议解决委员会的程序和适用规则》等）。球员身份委员会裁决相应体育争端的管辖权、程序及其裁决的法律效力，也得到了国际奥委会和国际体育仲裁院的确认。同时，根据国际足联及国际体育仲裁院的相关规定，当事人对球员身份委员会作出的裁决不服的，可以在规定时间内向国际体育仲裁院提出申诉（此类申诉在体育界被称为“上诉仲裁”），这就使球员身份委员会的裁决与国际体育仲裁院在程序上实现了衔接，受到国际体育仲裁院的监督。由此可见，球员身份委员会争端解决的程序设置虽然与一般的商事仲裁程序（一裁终局）存在较大区别，但此种制度设置已经成为当前国际上广泛认可的体育争端解决方式。各俱乐部、教练员在加入相关体育协会时均自愿认可上述争端解决方式，其理应受到相应程序规则的约束。本案中，《单一法官裁决》作出后，恩渥公司有权在规定期限内向国际体育仲裁院提起上诉仲裁，但其未在规定期限内提出，按照国际足联章程及有关规定，《单一法官裁决》已对双方当事人发生法律效力，双方当事人均应受其拘束。(3)通过承认与执行外国仲裁裁决程序解决案涉纠纷，不违背双方当事人的真实意愿，也符合诉讼经济原则。从国际上看，各国法院对体育行业自治范围内的协会决定、仲裁机构裁决等普遍持充分尊重的态度。从本案来看，双方当事人在《解除合同协议》中明确约定发生争议后应提交国际足联有权机构处理，故其理应遵守国际足联的争端解决程序规则并及时履行国际足联作出的相应处理决定。现义务人未按生效裁决履行相应义务，且因聚运动俱乐部已解散并不再在中国足球协会注册，生效裁决无法通过足球行业自治机制获得执行，故应当允许权利人通过承认与执行外国仲裁裁决程序寻求救济，而不宜另行诉讼。如果允许当事人在体育行业自治机构作出有效决定后另行诉讼，将无谓地浪费司法资源，不利于树立我国法院充分尊重体育自治的形象，也不符合诉讼经济的原则。

第二种意见认为，案涉《解除合同协议》第五条第二款约定的仲裁条款本身有效，但该条款约定的将争议提交国际体育仲裁院仲裁的条件并未成就，故不能排除人民法院对案涉争议进行管辖。理由具体有两个：(1)《解除合同协议》第五条第一款约定的将争议提交国际足联球员身份委员或任何其他国际足联有权机构解决，不属于《仲裁法》规定的仲裁程序，故该项约定不能排除人民法院对本案争议的管辖。相应地，球员身份委员会作出的《单一法官裁决》即便按照国际足联有关规定已对当事人发生法律效力，但因其不属于《仲裁法》规定的仲裁裁决，故该裁决不能排除人民法院的司法管辖。义务人不履行相应义务的，也不能通过申请承认与执行外国仲裁裁决程序寻求救济，而只能另行诉讼。(2)根据《解除合同协议》第五条第二款的约定，协议方将争议提交至国际体育仲裁院应满足"国际足联对争议不行使管辖权"的条件。因球员身份委员会已就该争议作出《单一法官裁决》，故本案不符合该条约定的将争议提交至国际体育仲裁院的条件，可以排除国际体育仲裁院对案涉争议的管辖权。据此，案涉《解除合同协议》第五条第二款约定的仲裁条款本身有效，但该条款约定的将争议提交国际体育仲裁院仲裁的条件并未成就，故不能排除人民法院对案涉争议进行管辖。当事人就相关争议向人民法院起诉的，人民法院应当依法审查受理。

我院多数意见倾向于上述第一种意见。但因相关认定在法律和司法解释上缺乏明确规定，同时，考虑到近年来体育争端诉至人民法院的情况有增多趋势，本案处理对同类案件可能产生一定的示范效应，上述拟处意见是否妥当，特向贵院请示，请予批复。

最高人民法院

关于上诉人中国江西国际经济技术合作有限公司与被上诉人浙江盛达铁塔有限公司、一审被告中国电建集团江西省电力设计院有限公司买卖合同纠纷管辖权异议上诉一案的复函

2022年6月27日　　　　（2022）最高法民他74号

浙江省高级人民法院：

你院（2022）浙民他8号《关于上诉人中国江西国际经济技术合作有限公司与被上诉人浙江盛达铁塔有限公司、一审被告中国电建集团江西省电力设计院有限公司买卖合同纠纷管辖权异议上诉案的报告》收悉。经研究，答复如下：

关于案涉仲裁条款是否有效的问题。根据报告所述事实以及卷宗材料反映的情况，浙江盛达铁塔有限公司（以下简称盛达公司）于2019年1月至9月间与中国电建集团江西省电力设计院有限公司（以下简称江西电力设计院公司）签订的《采购合同》及其《补充协议》中载有仲裁条款。盛达公司、江西电力设计院公司和中国江西国际经济技术合作有限公司（以下简称江西国际合作公司）于2019年9月19日就《采购合同》有关事宜订立的《协议书》载明："甲、乙、丙三方在本协议履行过程中产生了争议和分歧，应本着友好的态度协商解决，协商不成的任何一方都有权向有管辖权法院提起法律诉讼。"因此，《采购合同》及其《补充

协议》与《协议书》约定的争议解决条款有所不同。从《协议书》的签订时间和签订背景来看，可以认定为系《采购合同》的补充。从《协议书》的内容来看，该协议确认《采购合同》项下的货款等款项由买受人江西电力设计院公司委托江西国际合作公司直接支付给供货人盛达公司，并主要就款项支付的问题进行了约定。因此，《协议书》的三方当事人就《协议书》项下争议的解决方式达成了提起诉讼的合意，变更了《采购合同》及其《补充协议》中相应的争议解决条款。本案诉讼系盛达公司依据《采购合同》和《协议书》提起的请求江西国际合作公司、江西电力设计院公司共同支付剩余货款的诉讼，故应当由法院管辖。而且，江西国际合作公司提起本案管辖权异议，依据的是江西电力设计院公司与盛达公司之间签订的《采购合同》及其《补充协议》中的仲裁条款。但是，江西国际合作公司并非该两份合同的一方当事人，其依据该合同中的仲裁条款提起管辖权异议，缺乏依据。

关于本案是否属于涉外民商事案件的问题。从案涉《采购合同》及其《补充协议》中关于交货与运输、质量建造与检验、款项支付批次的约定来看，案涉货物最终要在赞比亚安装和运行，盛达公司有义务在货物运输至施工现场材料站后，与买方和施工单位共同对货物进行开包检验，对所有货物的数量、质量证明文件等资料进行检查，合同价款按10%（预付款）、80%（到货款）、10%（质保金）的比例付款，其中80%到货款需要在货物到项目现场后完成到货验收才支付，10%质保金需要到货验收合格且收到对应合同价格10%的质量保函后才支付。可见，案涉《采购合同》的部分履行在境外，可以认定本案为涉外民商事案件。

综上所述，同意你院的报核意见。

此复

附：

浙江省高级人民法院

关于上诉人中国江西国际经济技术合作有限公司与被上诉人浙江盛达铁塔有限公司、一审被告中国电建集团江西省电力设计院有限公司买卖合同纠纷管辖异议上诉案的报告

2022年3月24日　　（2022）浙民他8号

最高人民法院：

浙江省杭州市中级人民法院（以下简称杭州中院）受理上诉人中国江西国际经济技术合作有限公司（以下简称江西国际合作公司）与被上诉人浙江盛达铁塔有限公司（以下简称盛达公司）、一审被告中国电建集团江西省电力设计院有限公司（以下简称江西电力设计院公司）买卖合同纠纷管辖权异议上诉一案。该院经审查，拟认定案涉仲裁条款失效，并于2022年2月21日报送本院审查。本院依法组成合议庭对本案进行了审查，合议庭一致意见同意杭州中院的意见。因案件具有涉外因素，根据《最高人民法院关于仲裁司法审查案件报核问题的有关规定》第二条、第八条之规定，现向钧院报核。

一、当事人基本情况

上诉人（原审被告）：江西国际合作公司。住所地：江西省南昌市红谷滩新区。

法定代表人：张某某，该公司董事长。

被上诉人（原审原告）：盛达公司。住所地：浙江省杭州市萧山区。

法定代表人：戴某某，该公司总经理。

原审被告：江西省电力设计院公司。住所地：江西省南昌市高新开发区。

法定代表人：许某某。

二、基本案情及一审法院处理意见

盛达公司向一审浙江省杭州市萧山区人民法院起诉请求：（1）判令江西国际合作公司、江西电力设计院公司支付盛达公司剩余合同款人民币34361920.77元；（2）判令江西国际合作公司、江西电力设计院公司支付盛达公司逾期付款利息损失（以34361920.77元为基数，按同期全国银行间同业拆借中心公布的贷款市场报价利率，自2020年7月4日起计算至款项实际履行完毕之日止）；（3）判令江西国际合作公司、江西电力设计院公司支付盛达公司为主张权利而产生的律师费50万元；（4）本案诉讼费用由江西国际合作公司、江西电力设计院公司承担。

事实和理由：2019年1月，盛达公司与江西电力设计院公司签订《赞比亚330kV输电线路铁塔采购合同》（以下简称《采购合同》），约定盛达公司向江西电力设计院公司供应输电线路铁塔，总价59980400元，综合单价8437元/吨，总价最终据实结算。根据2019年9月盛达公司与江西电力设计院公司签订的《赞比亚330kV输电线路铁塔采购合同补充协议》（以下简称《补充协议》）、盛达公司与江西国际合作公司、江西电力设计院公司三方签订的《协议书》约定，货物综合单价调整为8387元/吨，货款等款项由江西国际合作公司直接支付给盛达公司。2019年12月至2020年6月间，盛达公司依约发货完毕，实际发货总重量7126470.05吨，江西国际合作公司仅支付货款25407783.54元，尚欠34361920.77元。江西国际合作公司、江西电力设计院公司均拒不支付欠款，构成违约，应承担违约给盛达公司造成的利息、律师费、诉讼费等损失，故此盛达公司提起本案诉讼。

江西国际合作公司在提交答辩状期间对管辖权提出异议认为：（1）江西国际合作公司于2018年6月25日与江西电力设计院公司就赞比亚输变

电工程签订了《实施合作合同书》，双方就该工程实施进行合作。江西电力设计院公司作为该工程实施方通过公开招标后与盛达公司签订《采购合同》，其中约定“与本合同有关而引起的一切争议，双方应首先通过友好协商解决，如经协商后仍不能达成协议时，双方同意任何一方均可以向南昌仲裁委员会进行仲裁”。鉴于本项目实施中的实际情况，盛达公司、江西国际合作公司、江西电力设计院公司签订三方《协议书》约定，江西电力设计院公司委托江西国际合作公司支付《采购合同》项下价款，故江西国际合作公司与盛达公司另行签订《采购合同》，亦约定由南昌仲裁委员会仲裁。《协议书》表明盛达公司与江西电力设计院公司才是真实履行买卖合同关系的双方，盛达公司与江西电力设计院公司签订的《采购合同》才是实际履行的合同，也是盛达公司主张权利的基础，代表了双方对争议管辖的真实意思，故该合同应当是确定本案管辖的依据。2019年9月，盛达公司与江西电力设计院公司在《采购合同》基础上签订了《补充协议》，再次印证本案实际履行的系盛达公司与江西电力设计院公司签订的《采购合同》，且《补充协议》也约定管辖依双方签订的《采购合同》确定。《协议书》与《补充协议》约定不一致的，应以《补充协议》的约定为准，《补充协议》变更了《协议书》中关于管辖的约定。综上所述，本案应由南昌仲裁委员会管辖。

（2）退一步讲，假定本案由人民法院管辖，因本案属涉外民商事案件，本案的级别管辖应为中级人民法院而非基层人民法院。2020年修正的《最高人民法院关于适用〈中华人民共和国民事诉讼法〉的解释》第五百二十二条①规定：“有下列情形之一，人民法院可以认定为涉外民事案件：……（三）标的物在中华人民共和国领域外的；（四）产生、变更或者消灭民事关系的法律事实发生在中华人民共和国领域外的；（五）可以认定为涉外民事案件的其他情形。”本案中盛达公司所交付的货物都销往赞比亚共和国并安装在赞比亚共和国，货物的最终验收以境外业主验收

① 现为2022年修正的《最高人民法院关于适用〈中华人民共和国民事诉讼法〉的解释》第五百二十条。——编者注

为准，即本案的标的物在我国领域外；盛达公司须派技术人员赴项目现场提供现场技术服务，进行共同开箱验货，在项目所在地对项目业主的人员进行培训等，即本案产生、变更或者消灭民事关系的法律事实发生在我国领域外，本案应属于涉外民商事案件。同时，根据《最高人民法院关于明确第一审涉外民商事案件级别管辖标准以及归口办理有关问题的通知》（法〔2017〕359号）第一条第一款的规定："北京、上海、江苏、浙江、广东高级人民法院管辖诉讼标的额人民币2亿元以上的第一审涉外民商事案件；直辖市中级人民以及省会城市、计划单列市、经济特区所在地的市中级人民法院管辖诉讼标的额人民币2000万元以上的第一审涉外民商事案件，其他中级人民法院管辖诉讼标的额人民币1000万元以上的第一审涉外民商事案件。"本案诉讼标的额共计34861920.77元，因此，相关中级人民法院为本案有管辖权的法院。

一审法院审查认为，首先，本案系买卖合同纠纷，当事人均系国内企业，买卖关系发生及标的物交付均在国内，故本案并非涉外民事案件。其次，根据《最高人民法院关于调整中级人民法院管辖第一审民事案件标准的通知》（法发〔2021〕27号）的规定，当事人一方住所地不在受理法院所处省级行政辖区的，中级人民法院管辖诉讼标的额1亿元以上的第一审民事案件。本案所涉诉讼标的低于1亿元，故应由基层人民法院管辖。最后，虽盛达公司与江西电力设计院公司签订的《采购合同》约定了仲裁管辖，但盛达公司依据其与江西国际合作公司、江西电力设计院公司签订的《协议书》提起诉讼并据此要求江西国际合作公司承担责任，其有权依据《协议书》约定的争议解决条款确定管辖。《协议书》约定任何一方有权向有管辖权的法院提起诉讼，故人民法院对本案具有管辖权。因合同纠纷提起的诉讼，由被告住所地或合同履行地人民法院管辖；合同对履行地点没有约定或者约定不明确的，争议标的为给付货币的，接收货币一方所在地为合同履行地。盛达公司作为接收货币一方，有权在其住所地人民法院起诉。盛达公司住所地在浙江省杭州市萧山区，故一审法院对本案有管辖权，江西国际合作公司的管辖权异议申请不成立。据此，依照《民事诉讼法》第十七条、第二十三条①，《最高人民法院关于适用〈中华人民共和国民事诉讼法〉的解释》第十八条第二款、第五百二十二条②，《诉讼费用交纳办法》第十三条第一款第六项的规定，裁定：驳回江西国际合作公司对本案管辖权提出的异议。管辖权异议受理费 100 元，由江西国际合作公司负担。

三、二审法院处理意见

江西国际合作公司向杭州中院上诉称：（1）一审法院事实认定错误，本案应以江西电力设计院公司与盛达公司之间实际履行的《采购合同》为依据而不应以《协议书》为依据确定管辖。原因如下：第一，江西电力设计院公司与盛达公司之间的《采购合同》是实际履行的合同。2018 年 10 月 31 日，江西电力设计院公司发布案涉采购的招标公告。2018 年 12 月 24 日，江西电力设计院公司发布案涉采购的中标通知公示公告，显示由盛达公司中标。江西国际合作公司、江西电力设计院公司与盛达公司签订的《协议书》“鉴于”部分第三条约定，江西国际合作公司受江西电力设计院公司委托向盛达公司支付《采购合同》项下价款，江西国际合作公司同意形式上另行与盛达公司签订《采购合同》（该《采购合同》已经江西电力设计院公司确认），以使江西国际合作公司向盛达公司付款以及盛达公司向江西国际合作公司开具增值税专用发票具有合同依据。《协议书》第一条约定：“乙方（江西电力设计院公司）、丙方（盛达公司）在此分别确认为采购合同的实际买受人及供货人……三方同意，除本条约定的条款外，本工程输电线路铁塔的发运、交货、验收过程中、保修期内维护保修时产生的所有权利义务关系由乙方（江西电力设计院公司）、丙方（盛达公司）仅根据双方签订的《采购合同》实际履行。”第二条约定：“各方在此确认并同意，虽然存在上述条款中两份采购合

① 现为 2023 年修正的《民事诉讼法》第十八条、第二十四条，下同。——编者注

② 现为 2022 年修正的《最高人民法院关于适用〈中华人民共和国民事诉讼法〉的解释》第十八条第二款、第五百二十条，下同。——编者注

同，但实际上仅存在一次货物采购行为，丙方（盛达公司）仅需要也只能交付一次货物。”上述招标情况以及《协议书》的约定清晰表明，江西电力设计院公司与盛达公司之间就本案涉及的输电线路铁塔采购签订的《采购合同》为双方实际履行的合同，也是盛达公司在本案中主张权利的基础。因此，确定本案管辖应依据江西电力设计院公司与盛达公司之间的约定，由南昌仲裁委员会管辖。第二，江西电力设计院公司与盛达公司于2019年9月签订的《补充协议》进一步明确本案应按照双方之间的协议确定本案管辖。《补充协议》第三条约定：“买方（江西电力设计院公司）按照本补充协议的约定履行货款支付义务，买方支付义务与买方业主及工程节点无关，买方或买方委托的第三方未按本协议及时足额支付货款的，卖方（盛达公司）有权要求买方继续承担付款义务并承担相应的违约责任。”第五条约定：“除上述条款外，其他合同条款仍按原合同（盛达公司与江西电力设计院公司于2019年1月签订的《采购合同》）执行，本补充协议对双方均有约束力，买卖双方签订的其他合同或条款与本协议不一致的，以本协议为准。”由此可见，首先，《补充协议》再次印证江西电力设计院公司与盛达公司之间的《采购合同》为真正的买卖合同，且是盛达公司主张权利的基础，否则按《协议书》的约定，江西电力设计院公司还没有到支付本案诉争货款的时间节点。其次，《补充协议》没有对争议管辖进行变更，争议管辖仍应按照原合同执行。最后，对于管辖的约定，《协议书》与《补充协议》不一致，应以《补充协议》的约定为准，进而应当根据江西电力设计院公司与盛达公司签订的《采购合同》之约定确定本案管辖，裁定由南昌仲裁委员会管辖本案。

（2）一审法院适用法律错误，买卖合同纠纷不能适用接收货币方为合同履行地的规定。根据《最高人民法院关于适用〈中华人民共和国民事诉讼法〉的解释》第十八条规定，认定合同履行地需要先确认当事人之间的争议标的。争议标的是指双方发生纠纷的合同类型或性质所决定的主要或特征性义务。所以，可能存在支付货币仅是交易对价而非合同特征性义务的情况，此时原告向法院起诉主张被告支付货币的，则不属于“争议标的为给付货币”的情形，从而不能适用以“接收货币一方所在地为合同履行地”的规定确定管辖法院。本案中，盛达公司诉请要求江西电力设计院公司、江西国际合作公司支付货款，该货款是交易对价，而非合同特征性义务。因此，一审法院以“接收货币一方所在地为合同履行地”的规定确定管辖法院，适用法律错误。

（3）本案属于涉外案件，根据其诉讼标的额，基层人民法院对本案无管辖权。根据江西电力设计院公司与盛达公司签订的《采购合同》的约定，盛达公司所交付的货物都销往赞比亚共和国并安装在赞比亚共和国，货物的最终验收以境外业主验收为准，即本案的标的物在我国领域外；盛达公司将货物交付至国内港口并不意味着其履行完了全部合同义务，盛达公司需要派技术人员赴境外的项目现场提供现场技术服务、共同开箱验货、进行安装协助、提供使用培训等义务，即本案产生、变更或者消灭民事关系的法律事实发生在域外；诉争的合同款中包含20%的安装款，支付进度安排与项目进展情况、业主支付情况相关。据此，本案应属涉外案件。本案诉讼标的额共计为34861920.77元，根据《最高人民法院关于明确第一审涉外民商事案件级别管辖标准以及归口办理有关问题的通知》（法〔2017〕359号）第一条之规定，假如本案由人民法院管辖，则应由中级人民法院管辖，基层人民法院对本案无管辖权。综上所述，江西国际合作公司请求撤销浙江省杭州市萧山区人民法院（2021）浙0109民初18502号之一民事裁定书，将该案交南昌仲裁委员会进行仲裁。

盛达公司答辩称：（1）盛达公司诉讼请求的基础是《协议书》，其中明确约定争议由法院管辖。首先，盛达公司与江西电力设计院公司、江西国际合作公司均签订了《采购合同》，江西电力设计院公司、江西国际合作公司之间是何种合作关系及谁才是真正的买方，需要经过实体审理后认定。其次，2019年9月19日盛达公司与江西电力设计院公司、江西国际合作公司签订的《协议书》并非原合同的补充协议，而是三方协议，并针对诉讼管辖问题达成新的合意。再次，盛达公司将江西电力设计院公司、江西国际合作公司作为共同被告起诉，表明请求权基础是《协议书》。最后，盛达公司与江西电力设计院公司之间的《采购合同》《补充协议》仅对盛达公司和江西电力设计院公司有约束力，江西电力设计院公司对本案管辖权没有提出异议，而江西国际合作公司却以盛达公司与江西电力设计院公司之间的《采购合同》《补充协议》提出管辖权异议，没有依据。另外，盛达公司经与南昌仲裁委员会案件受理部咨询本案情形其是否受理仲裁，南昌仲裁委员会回复本案应属于法院管辖。

（2）在买卖合同纠纷中，合同对履行地没有约定，接收货币一方所在地为合同履行地。江西国际合作公司提供的最高人民法院（2019）最高法民辖终385号民事裁定书的案件争议标的与本案不同，对本案不具有参考性。本案《采购合同》中并未约定合同履行地，可按照争议标的的种类来分别确定合同履行地。诚然，争议标的不等同于诉讼请求，争议标的是诉讼请求所指向的合同义务，盛达公司的诉讼请求为支付货款，所指向的主要合同义务为江西电力设计院公司、江西国际合作公司向盛达公司支付案涉合同款项的义务，因此，本案争议标的为给付货币，适用“接收货币一方所在地为合同履行地”的规则，因此，可以确认盛达公司住所地的萧山区人民法院为管辖法院。

（3）本案不属于涉外案件，浙江省杭州市萧山区人民法院对本案具有管辖权。《采购合同》约定的货物交货地点为上海港，货物交付义务在境内已完成，不属于产生、变更或者消灭民事关系的法律事实发生在我国领域外的情况。同时，报关单显示境内发货人、生产销售单位均为江西国际合作公司，说明货物所有权在出口时已属于江西国际合作公司，其再转售域外已不受本案买卖法律关系所调整。关于江西国际合作公司提到的验收问题，通过《采购合同》条款可以看出，不管是初步验收证书还是最终验收证书都是由买方签发，不存在货物验收在我国领域外的事实。因此，案涉货物的交货、验收都是由国内买方进行，这也符合合同相对性的原则。另外，虽然《采购合同》的格式文本中有卖方负责货物安装、调试、派技术人员前往现场技术服务、提供培训等内容，但实际上该格式条款从未执行，在合同履行过程中，盛达公司从未收到买方或者业主方的任何通知或要求履行相应义务，该事实可在实体审理环节查明。综上所述，本案当事人均为中国法人，买卖关系的发生及标的物交付均在国内，本案不具有涉外因素。本案一审诉讼标的额为34861920.77元，根据《最高人民法院关于调整中级人民法院管辖第一审民事案件标准的通知》（法发〔2021〕27号）的规定，当事人一方住所地不在受理法院所处省级行政辖区的，中级人民法院管辖诉讼标的额1亿元以上的第一审民事案件。因此，本案属于萧山区人民法院管辖受理范围内，不违反级别管辖规定。一审法院裁定认定事实清楚，适用法律正确，请求二审法院驳回上诉，维持原裁定。

杭州中院认为：（1）关于本案争议应诉讼还是仲裁解决的问题。根据盛达公司的起诉状和提交的初步证据，盛达公司与江西电力设计院公司、江西国际合作公司分别签订了一份《采购合同》，其中均约定了仲裁条款，但其后由三方签署的《协议书》中明确约定了三方之间发生争议向法院提起诉讼解决，表明三方当事人已就争议解决方式重新约定。现盛达公司依据《协议书》起诉要求江西电力设计院公司、江西国际合作公司承担责任，至于三方之间的权利义务关系如何确定需要经过实体审理，根据三方当事人之间的管辖约定，本案属于人民法院管辖范围，江西国际合作公司主张的《采购合同》中仲裁条款不适用于本案争议的解决。

（2）关于地域管辖的问题。《协议书》约定"任何一方有权向有管辖权法院提起诉讼"，但没有约定具体的管辖法院，故应适用法定管辖。本案为合同诉讼，根据《民事诉讼法》第二十四条和《最高人民法院关于适用〈中华人民共和国民事诉讼法〉的解释》第十八条第二款之规定，可以由被告住所地或者合同履行地人民法院管辖，合同对履行地点没有约定或者约定不明确，争议标的为给付货币的，接收货币一方所在地为合同履行地。本案当事人对合同履行地没有约定，按照争议标的种类来确定合同履行地，盛达公司作为供货方是履行交付货物义务的一方，同时也是接收货款的一方，盛达公司诉请要求江西国际合作公司、江西电力设计院公司履行支付货款的义务，争议标的为给付货币，故接收货币方盛达公司的所在地（浙江省杭州市萧山区）为合同履行地。

（3）关于级别管辖的问题。本案当事人盛达公司、江西国际合作公司、江西电力设计院公司均为国内法人，当事人之间买卖合同的签订、履行均在国内，本案不属于涉外民商事纠纷。根据《最高人民法院关于调整中级人民法院管辖第一审民事案件标准的通知》（法发〔2021〕27号）的规定，当事人一方住所地不在受理法院所处省级行政辖区的，中级人民法院管辖诉讼标的额1亿元以上的第一审民事案件，而本案一审诉讼标的额为34861920.77元，属于基层人民法院管辖范围。

根据《最高人民法院关于适用〈中华人民共和国民事诉讼法〉的解释》第二百一十五条①之规定："……当事人在书面合同中订有仲裁条款……人民法院应当告知原告向仲裁机构申请仲裁，其坚持起诉的，裁定不予受理，但仲裁条款或者仲裁协议不成立、无效、失效、内容不明确无法执行的除外。"虽然案涉两份《采购合同》中有仲裁条款，但当事人后面签订的《协议书》中的诉讼管辖条款已重新约定了争议解决方式，故《采购合同》中的仲裁条款对本案争议解决不具有效力，一审法院对本案具有管辖权。

四、本院审查意见

本案系杭州中院在管辖异议上诉案件中认为仲裁协议失效向上级法院报核的案件。根据《最高人民法院关于仲裁司法审查案件报核问题的有关规定》第八条的规定："在民事诉讼案件中，对于人民法院因涉及仲裁协议效力而作出的不予受理、驳回起诉、管辖权异议的裁定，当事人不服提起上诉，第二审人民法院经审查拟认定仲裁协议不成立、无效、

① 现为2022年修正的《最高人民法院关于适用〈中华人民共和国民事诉讼法〉的解释》第二百一十五条。——编者注

失效、内容不明确无法执行的，须按照本规定第二条的规定逐级报核，待上级人民法院审核后，方可依上级人民法院的审核意见作出裁定。”故本案符合报核案件之规定。

关于案涉仲裁协议是否有效的问题。根据盛达公司的起诉状和提交的初步证据，本案存在多份协议，其中：（1）2019 年 1 月盛达公司与江西电力设计院公司签订的《采购合同》约定，“与本合同有关而引起的一切争议，双方应首先通过友好协商解决，如经协商后仍不能达成协议时，双方同意任何一方均可以向南昌仲裁委员会进行仲裁”；（2）2019 年 9 月盛达公司与江西电力设计院公司签订的《采购合同》的《补充协议》对货物综合单价等内容进行调整，但也约定除调整的内容外，其他合同条款仍按原合同执行。（3）2019 年 8 月 2 日盛达公司与江西国际合作公司签订的《采购合同》除了买方主体以外其余内容（包括仲裁条款）基本与前述盛达公司与江西电力设计院公司签订的《采购合同》一致。（4）2019 年 9 月 19 日江西国际合作公司、江西电力设计院公司、盛达公司三方签订的《协议书》约定了三方之间发生争议向法院提起诉讼解决。从协议订立的时期来看，《协议书》的签订时间晚于盛达公司与江西电力设计院公司、江西国际合作公司分别签订的两份《采购合同》，《协议书》约定由法院管辖，表明三方当事人已就争议解决方式重新约定。虽然盛达公司与江西电力设计院公司于 2019 年 9 月又重新签订了《采购合同》的《补充协议》，《补充协议》中约定其他合同条款仍按原合同执行，但《补充协议》并没有明确具体日期，无法确定《补充协议》和《协议书》的签订时间先后，且江西电力设计院公司并没有提出管辖异议，表明其认可法院的管辖权，在此种情形下，江西国际合作公司主张根据江西电力设计院公司与盛达公司签订的《采购合同》之约定确定本案管辖权，请求裁定由南昌仲裁委员会管辖并无法律依据，故应当认定案涉仲裁协议已经失效。

关于本案是否属于涉外民商事案件的问题。根据《最高人民法院关于适用〈中华人民共和国民事诉讼法〉的解释》第五百二十二条[①]的规定法院可以认定为涉外民事案件的情形包括：（1）当事人一方或者双方是外国人、无国籍人、外国企业或者组织的；（2）当事人一方或者双方的经常居所地在中华人民共和国领域外的；（3）标的物在中华人民共和国领域外的；（4）产生、变更或者消灭民事关系的法律事实发生在中华人民共和国领域外的；（5）可以认定为涉外民事案件的其他情形。本案合同主体均为中国法人，标的物在国内生产，交货地约定为上海港，涉外因素并不明显，但从《采购合同》的内容来看，卖方不仅要履行交货义务，还需要派技术人员赴境外的项目现场提供现场技术服务、共同开箱验货、进行安装协助、提供使用培训等义务。比如，《采购合同》第五条第十九款约定：卖方在上海港指定地点交货后，买方与卖方只对货物清单、件数进行验收确认，并不代表货物已交付买方，在海运和海外陆运运输至施工现场材料站后，再由买方、卖方和施工单位共同对货物进行开包检验，对所有货物的数量、质量证明文件等资料进行检查。虽然目前两被告尚未提出实体答辩，尚不能确定纠纷是否涉及质量问题，但在买卖合同案件中，买方提出质量抗辩的可能性较大，本案以确定为涉外民商事案件为宜，故报请钧院审核。

特此报告！

---

① 现为2022年修正的《最高人民法院关于适用〈中华人民共和国民事诉讼法〉的解释》第五百二十条。——编者注

（二）申请撤销内地仲裁裁决案件

最高人民法院

关于湖南中茂房地产开发有限公司申请撤销仲裁裁决一案的复函

2022 年 2 月 7 日　　　　　　　　（2021）最高法民他 408 号

湖南省高级人民法院：

你院（2021）湘民他 72 号《关于申请人湖南中茂房地产开发有限公司与被申请人中国新兴建设开发有限责任公司等申请撤销仲裁裁决一案的请示》收悉。根据你院请示所述事实，并经查阅你院随函移送的卷宗材料，经研究，答复如下：

关于当事人是否隐瞒了足以影响公正裁决的证据。根据卷宗材料反映的事实，仲裁庭系依据相关合同、补充协议、债务加入协议、结算单等证据，对争议事项进行了裁决。仲裁庭基于相关证据的判断对事实作出认定，系仲裁庭对证据的裁量和采信问题，不构成《中华人民共和国仲裁法》第五十八条所规定的隐瞒证据。

关于裁决是否违背社会公共利益。仲裁庭对当事人之间以书面合同呈现出的法律关系和当事人之间真实的法律关系如何认定，系仲裁庭基于其认定的事实而对法律关系的判断，不属于违反我国法律的基本原则、强制性规定、公序良俗，违背社会公共利益的情形。而且，仲裁庭未刻意强调案涉法律关系性质，更多是债权人从应收账款的金额的角度，认定仲裁被申请人所应承担的还款义务。

综上所述，依据你院现报请的事实和卷宗反映的材料，不宜以当事人隐瞒了足以影响公正裁决的证据、裁决违背社会公共利益为由撤销案涉仲裁裁决。

此复

附：

湖南省高级人民法院

关于申请人湖南中茂房地产开发有限公司与被申请人中国新兴建设开发有限责任公司等申请撤销仲裁裁决一案的请示

2021 年 10 月 28 日　　　　　　　　　　（2021）湘民他 72 号

最高人民法院：

我省长沙市中级人民法院在审理申请人湖南中茂房地产开发有限公司（以下简称中茂公司）与被申请人中国新兴建设开发有限责任公司（以下简称新兴公司）等申请撤销仲裁裁决一案，拟撤销中国国际经济贸易仲裁委员会［2021］中国贸仲京裁字第 0672 号裁决书，并报请我院审核。我院审查后，拟同意长沙市中级人民法院的处理意见。现将该案情况报告如下。

一、当事人基本情况

申请人：中茂公司。住所地：湖南省长沙经济开发区。

管理人：北京市炜衡律师事务所。

负责人：尹某某。

被申请人：新兴公司。住所地：北京市海淀区。

法定代表人：马某某。

被申请人：娄底市鼎信贸易有限公司。住所地：湖南省娄底市娄星区。

法定代表人：梁某某。

被申请人：涟源市金信贸易有限公司。住所地：湖南省涟源市渡头塘镇。

法定代表人：谢某某。

被申请人：湖南紫轩商贸有限公司。住所地：湖南省长沙市岳麓区。

法定代表人：颜某某。

被申请人：湖南金鼎控股集团有限公司。住所地：湖南省娄底市娄星区。

法定代表人：邱某某。

二、基本案情

2014 年 8 月 25 日至 2016 年 12 月 28 日间，新兴公司先后与娄底市鼎信贸易有限公司（以下简称鼎信公司）、涟源市金信贸易有限公司（以下简称金信公司）、湖南紫轩商贸有限公司（以下简称紫轩公司）签订钢材、煤炭、瓷砖等供货合同，约定由新兴公司向三家公司提供货物，三家公司支付货款；2014 年 10 月 23 日至 2017 年 4 月 25 日，新兴公司先后与前述三家公司分别完成相应购销合同项下的结算，确定已支付和尚欠货款数额。2017 年 3 月 27 日，新兴公司与湖南金鼎控股集团有限公司（以下简称金鼎公司）、中茂公司签订《债务加入协议》，约定金鼎公司和中茂公司与前述三家公司共同、连带履行债务，且约定由中国国际经济贸易仲裁委员会管辖。纠纷发生后，新兴公司作为仲裁申请人请求鼎信公司、金信公司、紫轩公司分别承担货款支付义务，三项合计 547579410. 9 元及其利息，金鼎公司和中茂公司承担共同、连带偿还责任。

2021 年 3 月 13 日，中国国际经济贸易仲裁委员会作出（2021）中国贸仲京裁字第0672号裁决，裁决鼎信公司、金信公司、紫轩公司各自承担相应的货款及其利息支付义务，金鼎公司和中茂公司对前述款项承担共同付款责任。

申请人中茂公司主张，新兴公司与鼎信公司等三家公司之间的货物销售合同为虚假合同，其实为融资合同，由新兴公司向金鼎公司提供资金，金鼎公司实际从新兴公司获得资金为9700万元；新兴公司隐瞒了双方的融资法律关系的证据，也未提交证据证明销售合同的履行和资金的交付，该仲裁裁决应予撤销。

新兴公司认为，中茂公司申请撤销仲裁裁决的理由不成立，中茂公司所提理由属于仲裁庭在行使裁决权的过程中对在案证据的认定的采信的范畴，不属于《仲裁法》规定的人民法院审查撤销仲裁裁决的范畴。

三、长沙市中级人民法院的审查意见

长沙市中级人民法院认为：本案的主要争议焦点为被申请人是否隐瞒了足以影响公正裁决的证据，并违背社会公共利益。经查明，本案所涉及的买卖合同，系金鼎公司与新兴公司为了融资所签订的虚假贸易，并没有发生实际贸易，新兴公司在申请仲裁时隐瞒了该事实和证据，影响了公正仲裁的结果。新兴公司要求以承兑汇款票据支付货款，该仲裁并没有审查是否有实际贸易或者融资实际支付的金额，导致双方有可能就虚假的金额达成合意，且该数额巨大。申请人中茂公司正进行破产清算，裁决中茂公司支付的金额，有可能会损害其他众多破产债权人的利益，造成社会不稳定的不利后果，构成了违背社会公共利益。因此，申请人中茂公司申请撤销仲裁裁决的理由成立。依照《仲裁法》第六十条之规定，裁定撤销中国国际经济贸易仲裁委员会作出（2021）中国贸仲京裁字第0672号裁决。

四、我院的审查意见

长沙市中级人民法院就上述意见报请我院审核。根据报请事实所述，我院认为，案涉仲裁裁决存在如下可撤销的情形：第一，对方当事人隐瞒了足以影响公正裁决的证据。新兴公司与鼎信公司、金信公司和紫轩公司等签订的购销合同系虚假合同，货物买卖是假，实为融资合同，由新兴公司向金鼎公司提供资金，但新兴公司隐瞒了其与金鼎公司之间真实的融资法律关系的证据，影响了公正裁决；即使按照新兴公司所主张的买卖合同关系进行审理，在五名仲裁裁决的被申请人均提出购销合同为虚假合同、未实际供货的抗辩主张的情况下，新兴公司既未进一步提交货物交付的证据和结算清单中所涉款项的收付款凭据，也未提交商业承兑汇票、银行承兑汇票承兑的证据，也足以影响公正裁决。新兴公司的行为属于《仲裁法》第五十八条第一款第五项关于当事人隐瞒了足以影响公正裁决的证据的情形。第二，该裁决违背社会公共利益。新兴公司作为中央企业，其以虚假的货物购销合同为名为他人提供巨额资金，违反了《中央企业违规经营投资责任追究实施办法（试行）》第九条第三项关于购销管理方面的责任追究情形，即违反规定开展融资性贸易业务或“空转”“走单”等虚假贸易业务，属于《仲裁法》第五十八条第三款关于仲裁裁决违背社会公共利益的情形。综上所述，我院拟同意长沙市中级人民法院关于撤销该仲裁裁决的处理意见。

依据《最高人民法院关于仲裁司法审查案件报核问题的有关规定》第三条的规定，特向贵院报核，请予审查。

最高人民法院
关于江某某申请撤销仲裁裁决一案的复函

2022 年 3 月 2 日　　　　　　　　　(2021) 最高法民他 479 号

广西壮族自治区高级人民法院：

你院（2021）桂民特 71 号《关于申请人江某某与被申请人深圳展亚商业保理有限公司申请撤销仲裁裁决案的请示》收悉。经研究，答复如下：

根据你院请示报告所述事实及所附卷宗材料，案涉《借款合同》第十一条第三款约定，如果公证机构不能依据合同出具执行证书或公证机构出具执行证书后人民法院依法裁定不予执行，双方约定由担保物所在地人民法院管辖；《抵押合同（三方）》第九条第三款约定，如果公证机构未依据合同出具执行证书或公证机构出具执行证书后人民法院依法裁定不予执行，三方约定关于合同的纠纷由合同项下抵押物所在地人民法院管辖。上述合同空白处加盖有长方形印章，内容为“本合同履行过程中发生的任何纠纷均提交北海国际仲裁院仲裁，并适用该会仲裁规则的简易程序，在东莞开庭审理，其他约定与本约定不一致的以该约定为准”。

上述仲裁条款系以印章方式加盖在合同条款中间的空白处，内容是对争议解决条款的实质性变更，但均无合同当事人通过签字或盖章等形式对此予以确认。江某某对上述变更争议解决方式条款的真实性亦不予认可。因此，《借款合同》和《抵押合同（三方）》上加盖长方形印章内的仲裁条款不能视为当事人之间的有效仲裁协议。根据《中华人民共和国仲裁法》第五十八条第一款第一项规定，同意你院关于撤销案涉仲裁裁决的意见。

此复

附：

广西壮族自治区高级人民法院
关于申请人江某某与被申请人深圳展亚商业保理有限公司申请撤销仲裁裁决案的请示

2021年11月30日　　　　　　　　　（2021）桂民特71号

最高人民法院：

广西壮族自治区北海市中级人民法院（以下简称北海中院）受理的申请人江某某与被申请人深圳展亚商业保理有限公司（以下简称展亚公司）申请撤销仲裁裁决一案，该院拟裁定撤销北海国际仲裁院（2021）北海仲字第2-163号裁决，根据《最高人民法院关于仲裁司法审查案件报核问题的有关规定》第二条、第三条的规定，现将案件情况报请如下。

一、当事人的基本情况

申请人（原仲裁被申请人）：江某某。

被申请人（原仲裁申请人）：展亚公司。住所地：深圳市前海深港合作区。

法定代表人：张某某，该公司总经理。

二、申请人与被申请人的请求及事实和理由

江某某向北海中院申请称：（1）撤销北海国际仲裁院作出的（2021）北海仲字第2-163号裁决书；（2）本案诉讼费等费用由被申请人展亚公司承担。事实与理由：（1）2017年8月11日《借款合同》中的债务人（借款人）江某某是与出借人苏某某达成的借款合意。第三人张某某与《借款合同》中的债务人（借款人）江某某并没有借款合意，第三人张某某将2017年8月11日的《借款合同》中的出借人篡改为张某某的行为没有征得债务人江某某的同意，也没有告知债务人江某某，不构成苏某某与张某某之间的债权转让，对江某某不产生法律约束力。第三人张某某以债权人（出借人）的身份将上述《借款合同》的债权转让给展亚公司的转让行为属于无效的民事法律行为，不产生债权转让的法律效力。本案中，北海国际仲裁院查档的《借款合同》第十一条末尾长方形印章内容显示“本合同履行过程中发生的任何纠纷均提交北海国际仲裁院仲裁……”。但是四川省成都市蜀都公证处查档的《借款合同》中并没有加盖该条形印章，表明该条形印章中的仲裁条款约定是事后出借人（债权人）一方擅自加上去的，实际上本案的借款合同在签订之时并没有关于仲裁条款的约定。选择仲裁方式解决纠纷，属于当事人的重大基本程序权利。债权人一方事后擅自添上去的仲裁条款并非原合同组成部分，未经合同各方签字或盖章确认，有悖于正常的合同签订习惯，不是合同双方的真实意思表示，不能认定本案合同各方已达成仲裁条款，对债务人江某某没有法律约束力。（2）本案中，被申请人和第三人将《借款合同》中债权人（出借人）苏某某篡改为张某某的行为，就是妄图遮盖苏某某在本案中非法放贷的行为。2021年5月31日，成都市公安局锦江区分局发布通报，对上海易贷网金融信息服务有限公司涉嫌非法吸收公众存款罪立案侦查。2021年5月24日，公安机关已对涉嫌犯罪的该公司实际控制人任某某、法定代表人李某某采取刑事强制措施。（3）北海国际仲裁院对江某某的送达地址并无不当，但在无法邮寄送达的情况下应当

换用其他方式送达，仍无法送达的应该公告送达，但北海国际仲裁院没有公告送达，因此其送达程序违法。综上所述，依据《仲裁法》第五十八条第一款第一项“没有仲裁协议的”、第二项“裁决的事项不属于仲裁协议的范围或者仲裁委员会无权仲裁的”、第三项“仲裁的程序违反法定程序的”、第四项“裁决所根据的证据是伪造的”的规定，请求法院依法支持申请人江某某的请求。

展亚公司没有提交答辩意见，也没有出庭参加诉讼。

三、北海中院查明的事实

展亚公司作为申请人以江某某为被申请人向北海国际仲裁院请求：(1) 裁决被申请人偿还申请人借款 531255.75 元、第 28 期应还利息 6640.7 元。(2) 裁决被申请人向申请人按《借款合同》第七条约定支付逾期利息 89994.72 元（计算方式：以未还本金 531255.75 元为基数，按照年利率 15.4%进行计算，自 2019 年 12 月 16 日之日起计算至所有应还款项付清之日止；截至 2021 年 1 月 15 日，合计 89994.72 元）。(3) 裁决确认申请人就上述第一项至第二项申请之全部款项，对被申请人名下位于锦江区天仙桥北路房产的拍卖、变卖款享有优先受偿权。(4) 裁决被申请人承担本案的仲裁费用（含仲裁费、保全费、保全担保费、公告费、鉴定费、评估费、执行费等）。

仲裁查明事实：2017 年 8 月 14 日，出借人张某某与借款人锦江区俊锋机械设备经营部（借款人现已注销）签订《借款合同》，约定借款人向出借人借款 83 万元，借款年利率为 15%，借款期限为五年，借款起始日以实际放款日为准，还款方式为等额本息，还款日为借款发放日的每月对应日。借款人认可由居间人或其委托的第三方支付机构将出借人的出借资金支付到借款人的账户，即为收到出借人的出借款项。借款人若不按时偿还借款本息，出借人有权宣布合同项下借款提前到期，借款人应按照月利率 2%的标准支付逾期利息，并承担律师费、财产保全费及其他合理费用等。出借人有权转让本合同债权，转让债权时可自行或委托第三方向合同首载的电子邮件发送邮件（或者电话、短信）通知，借款人不得以未收到债权转让通知为由拒绝履行还款义务。同日，江某某、借款人与出借人签订《抵押合同（三方）》，约定江某某将其所有的位于四川省成都市锦江区天仙桥北路房产为案涉借款提供抵押担保，并与出借人办理了抵押登记，担保范围为借款本息、逾期利息及实现债权的费用。江某某对案涉借款承担连带责任保证。2017 年 8 月 15 日，出借人通过第三方支付机构向借款人指定账户转账支付借款 83 万元，履行了出借款项的义务。2021 年 1 月 1 日，出借人与展亚公司签订《债权转让协议》，约定出借人将案涉《借款合同》中的债权转让给展亚公司。上述债权转让行为，出借人已通过邮寄方式向江某某送达了债权转让通知。

北海国际仲裁院作出（2021）北海仲字第 2-163 号裁决书，裁决如下：（1）被申请人江某某向申请人展亚公司偿还借款本金 531255.75 元、第 28 期应还利息 6640.7 元；（2）被申请人江某某向申请人展亚公司支付逾期利息（以借款本金 531255.75 元为基数，利率按 2021 年 3 月 31 日的一年期贷款市场报价利率四倍标准，自 2019 年 12 月 17 日起计至清偿之日止）；（3）申请人展亚公司有权按照房产登记部门的抵押登记顺位，在上述第一项至第二项裁决范围内就拍卖、变卖被申请人江某某所有的位于四川省成都市锦江区天仙桥北路房产的所得价款享有优先受偿权；（4）对申请人展亚公司的其他仲裁请求不予支持。

北海国际仲裁院分别于 2021 年 4 月 3 日、4 月 22 日以邮政特快专递向江某某寄送了仲裁材料，该两份邮件分别因“电话空号、小区禁止上楼、有门禁”和“空号、上门无人”被快递公司于 2021 年 4 月 8 日、4 月 28 日退件。江某某自认北海国际仲裁院对其的送达地址并无不当。

四、北海中院的处理意见

本案属于对国内仲裁裁决的司法审查案件，人民法院对国内仲裁裁决的司法审查范围是依据《仲裁法》第五十八条确定。该条规定：“当事人提出证据证明裁决有下列情形之一的，可以向仲裁委员会所在地的中级人民法院申请撤销裁决：（一）没有仲裁协议的；（二）裁决的事项不属于仲裁协议的范围或者仲裁委员会无权仲裁的；（三）仲裁庭的组成或者仲裁的程序违反法定程序的；（四）裁决所根据的证据是伪造的；（五）对方当事人隐瞒了足以影响公正裁决的证据的；（六）仲裁员在仲裁该案时有索贿受贿，徇私舞弊，枉法裁决行为的。人民法院经组成合议庭审查核实裁决有前款规定情形之一的，应当裁决撤销。人民法院认定该裁决违背社会公共利益的，应当裁定撤销。”

关于是否有仲裁协议、裁决的事项是否不属于仲裁协议的范围或者仲裁委员会无权仲裁的问题。江某某主张《借款合同》上加盖的长方形印章系在申请人不知情的情况下事后添加，应为无效仲裁条款。北海中院认为，《仲裁法》第四条规定：“当事人采用仲裁方式解决纠纷，应当双方自愿，达成仲裁协议。没有仲裁协议，一方申请仲裁的，仲裁委员会不予受理。”由此可知，仲裁协议是否成立，主要是指当事人双方是否有将争议提交仲裁的合意，即是否达成了仲裁协议。案涉《借款合同》明确约定如果公证机构不能依据合同出具执行证书或公证机构出具执行证书后人民法院依法裁定不予执行，则由担保物所在地人民法院管辖，即合同双方已协议履行合同过程中发生的争议须提交担保物所在地的人民法院进行管辖，该约定已排除了仲裁管辖。而在案涉《借款合同》空白处加盖一个内有仲裁条款文字的长方形印章，添加将合同纠纷提交北海国际仲裁院仲裁的条款，不但与前面格式条款明确的纠纷由人民法院管辖的约定相悖，且通过加盖长方形印章的方式来增加条款，与订立合同的习惯不相符，不属于订立合同的正常行为，且亦没有证据证实该添加仲裁条款的行为取得了江某某的同意。因此，案涉《借款合同》添加的仲裁条款不是合同双方当事人的合意，不能作为仲裁管辖的合同依据，江某某的主张成立，予以支持。因为本案不存在仲裁协议，所以江某某关于裁决的事项不属于仲裁协议的范围或者仲裁委员会无权仲裁的主张成立。

关于送达是否违反法定程序的问题。江某某主张北海国际仲裁院对其的送达地址并无不当，但在无法邮寄送达的情况下应当换用其他方式送达，仍无法送达的应该公告送达，但仲裁庭没有公告送达，因此其送达程序违法。北海中院认为，根据《北海仲裁委员会/北海国际仲裁院仲裁规则（2018）》第七十六条第三款的规定，以挂号信、特快专递等邮寄方式送达的，无人签收邮寄的仲裁文书的，从文书退件之日起视为已经送达。北海国际仲裁院向江某某邮寄了两份仲裁文书，因无人签收被快递公司退件之日起视为已经送达，仲裁庭的送达程序符合仲裁规定，申请人的主张不能成立。

关于裁决所依据的证据是否是伪造的问题。江某某主张《借款合同》的出借人苏某某被篡改成了张某某，签订日期2017年8月11日被篡改成了2017年8月14日，因此，《借款合同》是伪造的。北海中院认为，江某某认可该《借款合同》落款处的签名、手印是其本人的，而江某某作为完全民事行为能力人，签署该合同即视为其对合同内容是知悉并认可的。此外，江某某将其名下的不动产抵押给张某某并办理了抵押登记，该做法也与《借款合同》约定由江某某以该不动产为案涉借款提供抵押担保相一致，《借款合同》的出借人为张某某符合本案的交易情况。至于签订借款合同的时间是2017年8月11日还是2017年8月14日，对借款合同的成立及生效并不构成实际性的影响，《借款合同》并不存在伪造的问题，申请人的主张不能成立。

综上所述，北海中院拟依照《仲裁法》第五十八条第一款第一项的规定，裁定撤销北海国际仲裁院（2021）北海仲字第2-163号裁决。申请费400元，由被申请人展亚公司负担。

五、我院的处理意见

根据《仲裁法》第五十八条规定的当事人可以申请撤销仲裁裁决的情形，结合江某某的申请撤销仲裁裁决事由，本案审查的关键为：（1）北海国际仲裁院对案涉纠纷是否有权仲裁；（2）北海国际仲裁院送达程序是否合法；（3）北海国际仲裁院裁决所根据的证据是否是伪造的。

关于北海国际仲裁院对案涉纠纷是否有仲裁权的问题。根据《仲裁法》第四条“当事人采用仲裁方式解决纠纷，应当双方自愿，达成仲裁协议。没有仲裁协议，一方申请仲裁的，仲裁委员会不予受理”的规定，仲裁协议成立以双方当事人达成仲裁合意为前提。经查明，案涉《借款合同》第十一条第三款约定，如果公证机构不能依据合同出具执行证书或公证机构出具执行证书后人民法院依法裁定不予执行，双方约定由担保物所在地人民法院管辖；《抵押合同（三方）》第九条第三款约定，如果公证机构未依据合同出具执行证书或公证机构出具执行证书后人民法院依法裁定不予执行，三方约定关于合同的纠纷由合同项下抵押物所在地人民法院管辖。上述合同在约定纠纷由法院管辖的情况下，又在合同空白处加盖一个有仲裁条款文字的长方形印章，添加将合同纠纷提交北海国际仲裁院仲裁的条款，不但与前面条款约定纠纷由人民法院管辖的约定相悖，且通过加盖长方形印章的方式来增加条款，与一般订立合同的习惯不相符，亦没有证据证实该添加仲裁条款的行为取得了合同相对方锦江区俊锋机械设备经营部、江某某的同意。因此，案涉《借款合同》《抵押合同（三方）》上出现的仲裁条款不是合同双方的合意，不能作为仲裁管辖的合同依据，北海中院据此认定本案双方未形成仲裁合意，北海国际仲裁院对案涉纠纷无仲裁权正确。

关于北海国际仲裁院送达程序是否合法的问题。经查明，北海国际仲裁院按照案涉《抵押合同（三方）》载明的江某某住址以邮政特快专递方式向江某某送达仲裁文书，符合《北海仲裁委员会/北海国际仲裁院仲裁规则（2018）》第七十六条第三款的规定，且北海国际仲裁院也是按照同一住址通过邮政特快专递方式成功向江某某送达了裁决书，江某某在北海中院询问时也自认北海国际仲裁院对其的送达地址并无不当。因此，北海国际仲裁院送达程序合法，江某某主张北海国际仲裁院向其送达仲裁文书的邮件被退回后没有采取其他方式以及以公告方式送达仲裁文书故送达程序违法的理由不成立。

关于北海国际仲裁院裁决所根据的证据是否是伪造的问题。虽然案涉《借款合同》存在出借人（债权人）由苏某某改成张某某、《抵押合同（三方）》存在抵押权人（债权人）由苏某某改成张某某的事实，但江某某已将合同约定的不动产抵押给张某某并办理了抵押登记，证明江某某对于出借人、抵押权人由苏某某改成张某某是认可的，并不存在债权人伪造证据的事实。江某某主张《借款合同》日期 2017 年 8 月 11 日被篡改成 2017 年 8 月 14 日的依据不足，且签订《借款合同》的时间并不影响双方之间的借款关系成立。因此，江某某主张北海国际仲裁院裁决所根据的证据是伪造的理由不成立。

此外，江某某主张本案涉嫌犯罪而应移送公安机关的事由，因涉及仲裁裁决实体审查，不属于仲裁司法审查范围，法院对此不予审查。

综上所述，案涉《借款合同》没有仲裁协议，北海国际仲裁院无权对案涉纠纷进行仲裁。江某某申请撤销仲裁裁决符合《仲裁法》第五十八条第一款第一项规定的情形，拟同意北海中院撤销北海国际仲裁院（2021）北海仲字第 2-163 号裁决的处理意见。

以上意见妥否，请指示。

最高人民法院
关于钱某某申请撤销仲裁裁决一案的复函

2022年3月2日　　　　（2022）最高法民他24号

广西壮族自治区高级人民法院：

你院（2021）桂民特64号《关于钱某某申请撤销仲裁裁决一案的请示》收悉。经研究，答复如下：

根据你院请示所述事实及所附卷宗材料，《北海仲裁委员会/北海国际仲裁院仲裁规则（2018）》第七十六条第三款规定，向受送达人身份证载明地址、户籍所在地寄送仲裁文书，即视为送达。北海仲裁委员会向钱某某邮寄相关仲裁文书，将其身份证上地址中“秀屏新苑”写成“秀萍乡新苑”，将门牌号“602”写成“604”，导致相关邮件均因无法送达被退回。北海仲裁委员会的送达程序违反了《中华人民共和国仲裁法》及该仲裁委员会仲裁规则的规定。根据《中华人民共和国仲裁法》第五十八条第一款第三项规定，案涉仲裁裁决应予撤销。同意你院意见。

此复

附：

广西壮族自治区高级人民法院
关于钱某某申请撤销仲裁裁决一案的请示

2021年10月19日　　　　　　　　　　（2021）桂民特64号

最高人民法院：

广西壮族自治区北海市中级人民法院（以下简称北海中院）受理了申请人钱某某与被申请人杜某申请撤销仲裁裁决一案，北海中院拟撤销北海仲裁委员会（2020）北海仲字第4-8号裁决，依据《最高人民法院关于仲裁司法审查案件报核问题的有关规定》第二条第二款、第三条的规定，现将该案有关情况报告并请示如下。

一、申请人与被申请人的基本信息

申请人：钱某某。

被申请人：杜某。

二、申请人的请求、事实和理由及被申请人的答辩

钱某某请求撤销北海仲裁委员会（2020）北海仲字第4-8号裁决。事实和理由：（1）北海仲裁委员会未经合理审查钱某某其他有效送达地址或联系方式，在知晓准确地址的情况下，使用错误地址向钱某某邮寄送达仲裁文书，且自始至终未采取其他方式进行送达，仲裁阶段全部送达行为均无效，仲裁送达程序严重违法。杜某在申请仲裁时向北海仲裁委员会提供了钱某某的身份证复印件，北海仲裁委员会向钱某某送达的地址为“昆明市禄劝彝族苗族自治县秀萍新苑四组团××栋××单元602室”“昆明市禄劝彝族苗族自治县秀萍新苑四组团××栋××单元604室”，

与钱某某身份证复印件所载“昆明市禄劝彝族苗族自治县秀屏新苑四组团××栋××单元602号”不符。杜某向北海仲裁委员会提供的钱某某联系电话为13759××××××，该号码已于2019年11月9日销户，拨打后提示为空号，且钱某某从未使用过该号码。而在申请仲裁前，双方之间有过多次联系，杜某知晓钱某某的联系电话、工作单位、家庭住址等有效联系方式。（2）本案仲裁庭组成违反法定程序。裁决书中载明系杜某委托北海仲裁委员会主任指定仲裁员，但案卷中没有杜某委托其指定仲裁员的相关材料。2020年9月18日，本案首席仲裁员因个人原因退出本案审理，在各方当事人均没有共同选定或共同委托的情况下，同日，北海仲裁委员会另行指定了本案首席仲裁员，违反了《北海仲裁委员会/北海国际仲裁院仲裁规则（2018）》（以下简称《仲裁规则》）第二十三条的规定。（3）杜某向北海仲裁委员会隐瞒了足以影响公正裁决的证据。钱某某现持有的案涉标的股权，实际权利人为案外人吴某春。杜某已受领股权转让款项及代持、股权款项支付等与吴某春之间达成的其他约定，在云南省昆明市中级人民法院（2020）云01刑终1023号案件卷宗内有相关证据材料可佐证。且杜某等人与吴某春之间曾签订有《框架合作协议》等文书，杜某恶意隐瞒，造成本案未被公正裁决。（4）杜某在仲裁案中所享有的债权，实际早已超过两年仲裁时效。案涉《股权转让协议》约定的付款期限为2015年9月30日，其应在2017年10月1日前申请仲裁，但其于2020年4月26日申请仲裁，明显超过仲裁时效，且其向仲裁庭提交的《催告函》也因不符合法定证据形式而未被仲裁庭采信。综上所述，本案仲裁程序及仲裁庭组成严重违反法定程序，且杜某隐瞒足以影响公正裁决的证据，请求人民法院撤销本案仲裁裁决。

杜某辩称，仲裁裁决事实清楚，适用法律正确，请求依法驳回其申请请求，理由是：（1）本案仲裁庭组成依法依规，合法有效。（2）杜某与钱某某具有合同关系，与他人无关。

三、北海中院查明的事实

深圳市汇锦隆泰实业有限公司（以下简称汇锦公司）的注册资本为

1500万元，实收资本为0元，股东及出资比例分别为：吴某玲认缴出资630万元，出资比例42%；杜某认缴出资570万元，出资比例38%；何某颖认缴出资300万元，出资比例20%。2015年6月20日，杜某与钱某某签订一份《股权转让协议》，约定杜某将其持有的汇锦公司23%的股权转让给钱某某，股权转让价款为2760万元，钱某某承诺在2015年9月30日前支付完毕，协议约定逾期支付股权转让价款超过三十日，则视为根本违约，一方根本违约的，守约方有权终止协议，并可要求对方承担股权转让总价款10%的违约金。协议另约定，在协议履行过程中引起的或与协议相关的争议，协商不成的可向北海仲裁委员会申请仲裁。

2015年6月23日，吴某玲、何某颖、杜某与钱某某另签订一份《股权转让协议书》，协议书约定吴某玲将其持有的汇锦公司股权中的18%以人民币1元转让给钱某某，何某颖将其持有的汇锦公司股权中的10%的股权以人民币1元转让给钱某某，杜某将其持有的汇锦公司股权中的23%的股权以人民币1元转让给钱某某。深圳文化产权交易所于2015年6月23日出具一份编号为JZ2015060×××的《股权交易见证书》，2015年6月25日，深圳市市场监督管理局核准了汇锦公司股权变更（备案）登记。申请变更后，汇锦公司的注册资本为1500万元，实收资本为0元，股东及出资比例分别为：吴某玲出资360万元，出资比例24%；杜某出资225万元，出资比例15%；何某颖出资150万元，出资比例10%；钱某某出资765万元，出资比例51%。

另查明，因钱某某未按约定向杜某支付2760万元股权转让款，杜某向北海仲裁委员会提出仲裁申请，请求：（1）解除杜某与钱某某于2015年6月20日签订的《股权转让协议》；（2）将钱某某持有的汇锦公司23%的股权返还给杜某并办理变更登记手续；（3）钱某某支付违约金276万元；（4）钱某某承担仲裁费用。同时，杜某填写了《仲裁文书送达地址确认书》，确认钱某某的送达地址为：昆明市禄劝彝族苗族自治县秀萍新苑四组团××栋××单元602室，联系电话为：13759××××××。2020年5月12日，北海仲裁委员会受理了杜某的仲裁申请。2020年5月13日，北海仲裁委员会向钱某某邮寄仲裁通知书、举证通知书、关于选定仲裁员和仲裁庭组成方式的函、仲裁员名册、仲裁规则、证据材料及仲裁申请书副本、送达地址确认书，送达地址为：昆明市禄劝彝族苗族自治县秀萍乡新苑四组团××栋××单元 602 室，联系电话为：13759××××××，该邮件因电话空号被退回。2020 年 7 月 8 日，北海仲裁委员会向钱某某邮寄（2020）北海仲字第 4-8 号告知仲裁庭组成通知书、开庭通知，送达地址为：昆明市禄劝彝族苗族自治县秀萍乡新苑四组团××栋××单元 604 室，联系电话为：13759××××××，该邮件因原址查无此人被退回。2020 年 9 月 21 日，北海仲裁委员会向钱某某邮寄（2020）北海仲字第 4-8 号变更仲裁员通知书，送达地址为：昆明市禄劝彝族苗族自治县秀萍乡新苑四组团××栋××单元 602 室，联系电话为：13759××××××，该邮件因电话空号被退回。2020 年 10 月 12 日，北海仲裁委员会作出（2020）北海仲字第 4-8 号裁决书，裁决：（1）解除杜某与钱某某于 2015 年 6 月 20 日签订的《股权转让协议》；（2）钱某某将持有的汇锦公司 23%的股权返还给杜某，并办理变更登记手续；（3）对杜某的其他仲裁请求不予支持。2020 年 10 月 30 日，北海仲裁委员会向钱某某邮寄（2020）北海仲字第 4-8 号裁决书，送达地址为：昆明市禄劝彝族苗族自治县秀萍乡新苑四组团××栋××单元 602 室，联系电话为：13759××××××，该邮件亦因电话空号被退回。

另查明，钱某某的联系电话（13759××××××）系由杜某的委托代理人在申请仲裁时提交给北海仲裁委员会。法院询问时，钱某某称其未使用过该联系电话，该联系电话登记在吴某某名下，且已于 2019 年被注销。杜某委托代理人当庭拨打杜某电话，杜某表示不能确定 13759××××××是否为钱某某的联系电话。杜某于庭后向该院出具的一份《情况说明》载明，钱某某的联系电话（13759××××××）由汇锦公司投资负责人沈某提供给杜某，自 2015 年签订《股权转让协议》后一直由沈某通过该联系电话与钱某某联系，而自 2019 年始该联系电话能拨通但无人接听。

四、北海中院拟处理意见

北海中院认为，本案为申请撤销仲裁裁决司法审查案件，人民法院应依据《仲裁法》第五十八条规定审查。

关于本案是否存在仲裁庭的组成违反法定程序的问题。钱某某主张在其未选定仲裁员，在案材料亦未显示杜某委托北海仲裁委员会选定仲裁员的情况下，北海仲裁委员会自行组成仲裁庭且在开庭后更换首席仲裁员的行为违反了法定程序。法院认为，根据《仲裁规则》第二十三条第四款“当事人自收到受理通知书之日起十五日内没有约定仲裁庭的组成方式、选定仲裁员或选定不一致的，由北海仲裁负责人指定”的规定，即使在杜某未委托北海仲裁委员会选定仲裁员的情况下，北海仲裁委员会主任亦有权指定仲裁庭的组成方式及仲裁员。根据《仲裁规则》第二十七条第四款“被更换的仲裁员由当事人选定的，当事人应当自收到通知之日起五日内，重新选定；由负责人指定的，负责人另行指定，并将重新指定仲裁员的通知在五日内发送当事人”的规定，在案涉首席仲裁员因故不能履行职责时，北海仲裁委员会主任再以重新指定的方式确定更换后的仲裁员，并无不当。故钱某某的上述主张不能成立，法院不予支持。

关于本案是否存在仲裁程序违反法定程序的问题。钱某某主张北海仲裁委员会仲裁文书的邮寄送达地址与其身份证复印件中所载地址不一致，邮件上的联系电话并非其本人所有而致案涉仲裁文书因无法联系收件人被退回，属于仲裁程序违法。本案中，杜某的委托代理人在申请仲裁时提供的钱某某的送达地址错误，将“秀屏新苑”写为“秀萍乡新苑”，北海仲裁委员会向钱某某送达仲裁文书的四份邮件均被退回，其中三份载明送达地址是“602 室”的退回原因系电话空号，一份送达地址是“604 室”的退回原因系原址查无此人。据此，该几份邮件被退回并非钱某某拒绝签收或要求退回等主观原因所致。钱某某否认 13759××××××为其本人使用的电话号码，杜某亦未能举证证实该号码为钱某某使用的号码，且案涉仲裁文书送达地址确实与钱某某身份证复印件所载地址不符，故法院认为本案不属于可视为送达的情形，钱某某主张北海仲裁委员会送达程序违法具有事实和法律依据，应予以支持。

关于杜某是否向北海仲裁委员会隐瞒了足以影响公正裁决的证据的问题。钱某某主张案涉股权实际权利人为案外人吴某春，杜某隐瞒了其与吴某春之间签订有《框架合作协议》等文书的证据。法院认为，当事人对自己提出的主张有责任提供证据加以证明，没有证据或者证据不足以证明其主张的，由负有举证责任的当事人承担不利后果。本案中，杜某并不认可钱某某代吴某春持股一事，而钱某某未能举证证实其与案外人吴某春的股权代持关系，亦不能证实杜某与吴某春之间有签订《框架合作协议》的行为，故应承担举证不能的不利后果。对其该项主张，法院不予支持。

关于钱某某主张杜某在仲裁案中所享有的债权已超过两年仲裁时效的问题，系仲裁庭应予认定的实体问题，不属于法定撤销仲裁裁决的事由，法院对该主张依法不予支持。

综上所述，北海中院拟依照《仲裁法》第五十八条第一款第三项的规定，裁定：撤销北海仲裁委员会（2020）北海仲字第 4-8 号裁决。申请费 400 元，由被申请人杜某负担。

五、我院拟处理意见

我院经审查认为，根据《仲裁法》第五十八条规定的当事人可以申请撤销仲裁裁决的情形并结合本案申请人申请撤裁理由，本案审查的关键为：（1）仲裁庭组成是否违反法定程序；（2）仲裁送达程序是否违反法定程序；（3）杜某是否隐瞒了足以影响公正裁决的证据。

关于仲裁庭组成是否违反法定程序的问题。钱某某主张仲裁案卷中无杜某委托北海仲裁委员会主任指定仲裁员的材料、仲裁庭在首席仲裁员退出案件审理后直接另行指定首席仲裁员等行为违反法定程序。《仲裁规则》第二十三条第四款规定："当事人自收到受理通知书之日起十五日内没有约定仲裁庭的组成方式、选定仲裁员或选定不一致的，由北海仲裁负责人指定。”第二十七条第四款规定：“被更换的仲裁员……由负责人指定的，负责人另行指定……”本案中，未有证据证明杜某在规定期限内委托北海仲裁委员会主任指定仲裁员，故仲裁委员会主任负责指定仲裁员及另行指定仲裁员的行为，符合前述《仲裁规则》的规定。在未有证据证明杜某曾委托指定仲裁员的情况下，案涉仲裁裁决载明“申请人委托本会主任指定仲裁员”的内容存在一定瑕疵，但该瑕疵并未影响案件正确裁决。综上所述，钱某某主张仲裁庭组成违反法定程序的理由不成立。

关于仲裁送达程序是否违反法定程序的问题。钱某某主张仲裁庭在送达仲裁文书时将其身份证所载地址书写错误，仲裁庭邮寄送达时邮单所载的手机号码非其本人号码，导致其未收到仲裁文书，送达程序违法。《仲裁规则》第七十六条第三款规定，以邮寄方式送达的，可以邮寄至受送达人身份证载明地，以查询回执上注明的收件日期为送达日期；受送达人拒绝签收或要求退回邮寄的仲裁文书或无人签收邮寄的仲裁文书的，从文书退件之日起视为已经送达。经查明，钱某某身份证所载地址为“昆明市禄劝彝族苗族自治县秀屏新苑四组团××栋××单元602号”；在杜某代理人提交给仲裁庭的《仲裁文书送达地址确认书》中，钱某某的地址中“秀屏新苑”被写成“秀萍新苑”；仲裁庭在邮寄仲裁文书时将“秀屏新苑”写成“秀萍乡新苑”，在其中一封向钱某某邮寄仲裁通知书、举证通知书等仲裁文书的邮件中，除存在以上错误外，钱某某地址中的“602”被写成“604”。此外，本案中没有证据证明仲裁庭在送达邮件上记载的手机号码确系钱某某使用或经钱某某本人确认的号码，仲裁庭未合理审核对方当事人提供的手机号码的真实性。综上所述，仲裁庭未按照钱某某身份证上所载的正确地址向其邮寄仲裁文书，钱某某实际上亦未收到仲裁文书，故根据前述《仲裁规则》的规定，不能认定仲裁庭已向钱某某合法送达仲裁文书。仲裁庭的送达程序不合法，剥夺了钱某某参与仲裁程序权利，故本案符合《仲裁法》第五十八条第一款第三项规定的“仲裁的程序违反法定程序的”情形，钱某某申请撤销仲裁裁决的理由成立。

关于杜某是否隐瞒了足以影响公正裁决的证据的问题。钱某某主张杜某向仲裁庭隐瞒钱某某系代持案涉股权的证据，影响案件公正裁决。然而作为主张案涉股权系代持的一方当事人，钱某某在仲裁司法审查过程中未能提交任何股权代持协议或案涉股权系为他人代持的其他证据，故钱某某据此主张杜某隐瞒足以影响公正裁决的证据之理由不成立。另外，钱某某关于案涉债权已超过诉讼时效的主张，涉及实体审查内容，亦不属于《仲裁法》第五十八条规定的当事人可以申请撤销仲裁裁决的情形，钱某某据此主张撤销案涉仲裁裁决的理由不能成立。

综上所述，钱某某的申请符合《仲裁法》第五十八条第一款第三项“仲裁的程序违反法定程序的”情形，拟同意北海中院撤销案涉仲裁裁决的意见。

以上意见妥否，请指示。

最高人民法院

关于李某与霍某、海南军海建设有限公司佛山分公司申请撤销仲裁裁决一案的复函

2022 年 3 月 10 日　　　　　　　　　　（2021）最高法民他 471 号

广东省高级人民法院：

你院（2021）粤民他 6 号《关于李某与霍某、海南军海建设有限公司佛山分公司申请撤销仲裁裁决一案的请示》收悉。经研究，答复如下：

《中华人民共和国仲裁法》第五十八条第一款规定："当事人提出证据证明裁决有下列情形之一的，可以向仲裁委员会所在地的中级人民法院申请撤销裁决：（一）没有仲裁协议的；……"根据你院请示所述事实，霍某假冒李某名义向佛山仲裁委员会申请提起（2017）佛仲字第 350 号仲裁一事已被人民法院生效刑事判决所确认。本案中，李某与霍某、海南军海建设有限公司佛山分公司之间未达成仲裁协议，李某亦没有提起仲裁的意思表示。因此，案涉仲裁裁决符合《中华人民共和国仲裁法》第五十八条第一款第一项规定的情形，应予撤销。

综上所述，同意你院的报请意见。

此复

附：

广东省高级人民法院
关于李某与霍某、海南军海建设有限公司佛山分公司申请撤销仲裁裁决一案的请示

2021年11月4日　　　　　　　　　　　　　　（2021）粤民他6号

最高人民法院：

广东省佛山市中级人民法院（以下简称佛山中院）受理的李某与霍某、海南军海建设有限公司佛山分公司（以下简称军海公司）申请撤销仲裁裁决一案，经审查拟撤销佛山仲裁委员会（2017）佛仲字第350号仲裁裁决，向我院请示。我院拟同意该院处理意见。因本案当事人的住所地跨省级行政区域，依照《最高人民法院关于仲裁司法审查案件报核问题的有关规定》第三条第一项的规定，向钧院请示。

一、当事人的基本情况

申请人（仲裁申请人）：李某。

被申请人（仲裁被申请人）：霍某。

被申请人（仲裁被申请人）：军海公司。住所地：广东省佛山市禅城区。

负责人：陈某某。

二、请求及答辩意见

李某向佛山中院申请撤销佛山仲裁委员会（2017）佛仲字第350号仲裁裁决。事实和理由：李某于2019年7月1日在佛山仲裁委员会查询得知，该会作出（2017）佛仲字第350号仲裁裁决，内容为：李某委托

广东邦南律师事务所徐某某律师于2017年10月申请仲裁，要求裁决李某受让军海公司投资款有效，并提供《仲裁补充协议》《债权转让通知书》《债权转让协议书》《债务确认书》《项目合作协议书》《项目投资确认书》《合作投资协议》《关于对霍某的债权转让请示》《债权转让同意书》等相关证据，该会亦作出裁决。以上资料是李某查询后才第一次得知，上述材料涉及李某签名的材料有《仲裁申请书》《委托书》《仲裁补充协议》《债权转让协议书》《约定仲裁庭组成方式、选定仲裁员的函》等，但均非李某所签，材料中显示的联系电话亦非李某所有，李某没有交纳过任何仲裁费。李某与霍某、军海公司没有达成任何仲裁协议，佛山仲裁委员会所存由徐某某提交的《仲裁申请书》《委托书》《仲裁补充协议》《债权转让协议书》《约定仲裁庭组成方式、选定仲裁员的函》等不是李某所签，是伪造的。依据《仲裁法》第五十八条之规定，李某申请撤销该仲裁裁决。

霍某、军海公司未提交答辩意见。

三、案件相关事实

佛山中院查明，李某与霍某、军海公司合同纠纷一案，佛山仲裁委员会于2018年2月22日作出（2017）佛仲字第350号仲裁裁决，裁决如下：（1）认定军海公司与霍某于2008年11月20日签订的《合作投资协议》合法、有效；（2）军海公司与李某于2007年9月17日签订的《债权转让协议书》合法、有效；（3）湖北省黄石市“福地·磁湖壹号公馆”项目（现“福地·磁湖豪庭”项目）中霍某名下利润分红90%的股份由李某所有；（4）仲裁费2万元由霍某承担。

2020年8月27日，广东省佛山市禅城区人民法院作出（2019）粤0604刑初987号刑事判决，查明霍某于2017年10月25日假冒李某名义向佛山仲裁委员会提出（2017）佛仲字第350号仲裁，并依此认定霍某成立虚假诉讼罪及拒不执行判决、裁定罪。霍某不服该案判决向佛山中院提起上诉，被佛山中院（2020）粤06刑终956号裁定驳回上诉，维持原判。该案现已生效。

四、佛山中院审查意见

佛山中院认为，霍某冒用李某名义申请提起（2017）佛仲字第 350 号仲裁已被人民法院生效判决所确认，故此可确认李某与霍某、军海公司之间并未达成仲裁协议，亦无提起仲裁的意思表示。根据《仲裁法》第五十八条第一款第一项的规定，佛山仲裁委员会（2017）佛仲字第 350 号仲裁裁决应予撤销。又因李某并未参与仲裁，其在 2019 年 7 月 1 日方取得案涉仲裁裁决，故其提起本案申请时并未超过《仲裁法》第五十九条“当事人申请撤销裁决的，应当自收到裁决书之日起六个月内提出”规定之时效。因此，佛山中院认为应撤销案涉仲裁裁决。

五、我院审查意见

我院认为，根据佛山中院请示所述事实，霍某冒用李某名义申请提起佛山仲裁委员会（2017）佛仲字第 350 号仲裁一事已被人民法院生效判决所确认。因此，李某与霍某、军海公司之间未达成仲裁协议，李某也没有提起仲裁的意思表示。案涉仲裁裁决属于《仲裁法》第五十八条第一款第一项规定的当事人可申请撤销的情形，应予撤销。

以上意见当否，请予批复。

最高人民法院

关于山东融鑫投资股份有限公司申请撤销仲裁裁决一案的复函

2022 年 3 月 17 日　　　　　　　　　　（2021）最高法民他 358 号

广东省高级人民法院：

你院（2020）粤民他 168 号《关于山东融鑫投资股份有限公司申请撤销仲裁裁决案件的请示》收悉。经研究，答复如下：

根据你院请示，秦某某作为李某某与山东融鑫投资股份有限公司（以下简称山东融鑫公司）及中信银行股份有限公司广州分行（以下简称中信银行广州分行）合同纠纷仲裁案件的独任仲裁员，于 2017 年曾为中信银行股份有限公司南京分行（以下简称中信银行南京分行）代理一件案件，其所在的律师事务所 2017 年与中信银行南京分行亦存在多次代理情形。山东融鑫公司认为秦某某未披露上述情形违反《中华人民共和国仲裁法》和《深圳国际仲裁院仲裁规则》的规定，构成仲裁庭的组成违反法定程序。

中信银行广州分行与中信银行南京分行作为商业银行依法设立的分支机构，在授权范围内有权以自己的名义从事民事活动，具有民事诉讼主体资格。现有证据不能证明上述分支机构之间存在业务经营及特定法律服务选择方面的交叉，秦某某及其所在的律师事务所曾经为中信银行南京分行提供法律服务的事实，尚不足以构成对其公正性及独立性产生怀疑的合理因素。山东融鑫公司的主张不能成立。

此复

附：

广东省高级人民法院
关于山东融鑫投资股份有限公司
申请撤销仲裁裁决案件的请示

2021 年 5 月 25 日　　　　　　　　　　（2020）粤民他 168、169 号

最高人民法院：

广东省深圳市中级人民法院（以下简称深圳中院）受理的申请人山东融鑫投资股份有限公司（以下简称山东融鑫公司）与被申请人李某某、梁某某及仲裁被申请人中信银行股份有限公司广州分行（以下简称中信银行广州分行）撤销深圳国际仲裁院（2019）深国仲裁 4099 号和 4101 号仲裁裁决两案，拟裁定撤销案涉仲裁裁决。我院经审查，拟同意深圳中院意见。现根据《最高人民法院关于仲裁司法审查案件报核问题的有关规定》第三条的规定，向钧院请示。

一、当事人的基本情况

申请人（仲裁被申请人）：山东融鑫公司。

被申请人（仲裁申请人）：李某某、梁某某。

仲裁被申请人：中信银行广州分行。

二、基本案情

申请人山东融鑫公司申请撤销深圳国际仲裁院（2019）深国仲裁

4099号和4101号仲裁裁决，理由：（1）仲裁庭组成违反法定程序。仲裁员秦某某自1998年9月至今为上海市通力律师事务所合伙人。根据中国裁判文书网查询结果显示，上海市通力律师事务所在2017年代理了多起中信银行股份有限公司南京分行（以下简称中信银行南京分行）的民事案件，并且秦某某本人还在上海市虹口区人民法院（2017）沪0109民督1号案件中直接担任中信银行南京分行的诉讼代理人。而中信银行南京分行是仲裁被申请人中信银行广州分行的关联机构，秦某某曾担任当事人关联机构的诉讼代理人的情况属于可能引起对其公正性、独立性产生合理怀疑的情形，秦某某应当主动披露，由仲裁案当事人决定是否申请其回避。秦某某未披露其所在律师事务所与案件当事人的关联机构存在商业合作关系，违反《仲裁法》和《深圳国际仲裁院仲裁规则》（以下简称《仲裁规则》）的规定，构成仲裁庭的组成违反法定程序；（2）仲裁裁决违背社会公共利益。仲裁裁决混淆了基金管理人的固有财产与基金财产，违背了基金运行基本原则，错误地认定由基金管理人向投资人返还投资款本金。若不予撤销，不仅会导致基金合同纠纷法律适用的混乱局面，更会阻碍基金行业的发展，不利于金融市场的稳定运行。

李某某、梁某某辩称：（1）仲裁裁决公正合理，无不当之处，不存在违背社会公共利益的情形。双方之间系平等合同主体间的私权纠纷，仲裁裁决结果与深圳市福田区人民法院审理的（2019）粤0304民初34456—34460号案件判决结果基本一致。投资人的正常维权行为并不会损害社会公共利益。（2）本案仲裁庭的组成不存在违反法定程序的情形。虽然仲裁员秦某某曾担任过中信银行南京分行的诉讼代理人，但中信银行南京分行与仲裁被申请人中信银行广州分行分属于不同的省行，两者分别独立运营结算，并无直接关联，山东融鑫公司提交的证据根本不能证明仲裁员秦某某及其所属律所与中信银行广州分行有利害关系，更不足以证明仲裁员秦某某存在《仲裁法》第三十四条规定应当回避的四种情形。且仲裁员秦某某并非出于当事人的申请或指定，而是仲裁院院长根据仲裁规则指定。山东融鑫公司在收到仲裁庭通知及开庭审理时均未提出回避申请，却在仲裁裁决后、进入执行程序时才提出，明显系为了拖延仲裁裁决的执行，浪费司法资源。

中信银行广州分行辩称：(1) 商业银行的各分支机构互相为独立的个体。中信银行广州分行与中信银行南京分行为不同的诉讼主体，有权以自身名义独立行使民事诉讼权利、承担民事责任，相互之间也不存在人事任免权、供应商的遴选交叉和互荐，故仲裁员秦某某曾担任过中信银行南京分行的诉讼代理人不构成《仲裁法》和《仲裁规则》规定应当回避的情形。(2) 仲裁员秦某某代理的督促程序案件结案距仲裁庭组庭已超过两年，应认定仲裁员秦某某与中信银行广州分行不存在可能影响公正仲裁的利害关系。(3) 山东融鑫公司在仲裁过程中怠于行使权利，并且当庭确认对仲裁庭组成不持异议，在仲裁裁决结果对其不利后向法院申请撤销仲裁裁决，也有违诚信原则，应自行承担相应的不利后果。(4) 仲裁裁决不存在违背社会公共利益的情形，且裁决结果符合相关监管机构和最高人民法院确立的“卖者尽责、买者自负”精神，与人民法院在审理基金合同纠纷案件中所持的裁判观点相似，不存在山东融鑫公司所述裁决结果导致基金合同法律适用混乱的情况。

三、深圳中院查明事实

(一) 适用的《仲裁规则》

自2019年2月21日起施行的《仲裁规则》第三十二条关于仲裁员信息披露规定：(1) 仲裁员被指定后，应签署保证独立公正仲裁的声明书；(2) 仲裁员应当在声明书中披露其知悉的可能引起对其公正性和独立性产生合理怀疑的任何情形；(3) 仲裁员在签署声明书后的仲裁程序中出现应当披露的情形的，应当立即书面披露。根据《仲裁规则》第三十三条关于仲裁员回避的规定，当事人对被指定的仲裁员的公正性和独立性产生合理怀疑时，可以书面提出回避申请，但应说明具体理由，并提供相应证据。

（二）当事人的仲裁请求

李某某案：（1）判决解除李某某与山东融鑫公司、中信银行广州分行订立的基金合同及补充协议；（2）裁决山东融鑫公司返还李某某投资款本金200万元并支付逾期返还期间的利息损失；（3）裁决山东融鑫公司赔偿李某某投资收益损失共计197681.25元以及逾期履行期间的利息损失；（4）裁决中信银行广州分行对仲裁请求第二项及第三项承担连带赔偿责任；（5）裁决山东融鑫公司、中信银行广州分行共同承担本案的仲裁费、保全费、担保费、律师费等全部费用。

梁某某案：（1）裁决解除梁某某与山东融鑫公司、中信银行广州分行订立的基金合同及补充协议；（2）裁决山东融鑫公司返还梁某某投资款本金500万元并支付逾期返还期间的利息损失；（3）裁决山东融鑫公司赔偿梁某某投资收益损失共计549650.80元以及逾期履行期间的利息损失；（4）裁决中信银行广州分行对仲裁请求第二项及第三项承担连带赔偿责任；（5）裁决山东融鑫公司、中信银行广州分行共同承担本案的仲裁费、保全费、担保费、律师费等全部费用。

（三）仲裁裁决的内容

李某某案：（1）李某某与山东融鑫公司、中信银行广州分行订立的AY-2018-301《山东融鑫安银私募投资基金基金合同》及AY-2018-301《山东融鑫安银私募投资基金基金合同之补充协议》、AY-2018-045《山东融鑫安银私募投资基金基金合同》及AY-2018-045《山东融鑫安银私募投资基金基金合同之补充协议》自2019年9月9日起解除；（2）山东融鑫公司返还李某某投资款本金人民币200万元并支付逾期返还期间的利息损失（逾期利息以人民币200万元为本金，按同期全国银行间同业拆借中心公布的贷款市场报价利率计算，自2019年9月9日起计至实际清偿之日止）；（3）山东融鑫公司补偿李某某保全费人民币5000元、担保费人民币2198.33元、律师费人民币17142.86元；（4）本案仲裁费人民币 52034 元，由李某某承担人民币 5203.4 元，山东融鑫公司承担人民币 46830.6 元。李某某已预交人民币 52034 元，山东融鑫公司直接向李某某支付人民币 46830.6 元；（5）驳回李某某的其他仲裁请求。

梁某某案：（1）梁某某与山东融鑫公司、中信银行广州分行订立的 AY2018-035《山东融鑫安银私募投资基金基金合同》及 AY-2018-035《山东融鑫安银私募投资基金基金合同之补充协议》自 2019 年 9 月 9 日起解除；（2）山东融鑫公司返还梁某某投资款本金人民币 500 万元并支付逾期返还期间的利息损失（逾期利息以人民币 500 万元为本金，按同期全国银行间同业拆借中心公布的贷款市场报价利率计算，自 2019 年 9 月 9 日起计至实际清偿之日止）；（3）山东融鑫公司补偿梁某某保全费人民币 5000 元、担保费人民币 5551.46 元、律师费人民币 42857.14 元；（4）本案仲裁费人民币 84289 元，由梁某某承担人民币 8429 元，山东融鑫公司承担人民币 75860 元。梁某某已预交人民币 84289 元，山东融鑫公司直接向梁某某支付人民币 75860 元；（5）驳回梁某某的其他仲裁请求。

（四）仲裁庭组成情况

李某某案：因双方未在规定的期限内共同指定或者共同委托深圳国际仲裁院院长指定独任仲裁员，仲裁院院长指定秦某某作为该案独任仲裁员（根据《仲裁规则》，案件标的不超过 300 万元的案件适用快速程序组成独任仲裁庭）。独任仲裁庭组成时间为 2019 年 10 月 24 日。

梁某某案：仲裁申请人梁某某指定杨某作为该案仲裁员，仲裁被申请人山东融鑫公司、中信银行广州分行未共同指定或者共同委托深圳国际仲裁院院长指定仲裁员，深圳国际仲裁院院长指定赵某作为该案仲裁员。双方未共同指定或者共同委托仲裁院院长指定首席仲裁员，仲裁院院长指定秦某某作为该案首席仲裁员。三人仲裁庭组成时间为 2019 年 10 月 25 日。

（五）仲裁员代理案件情况

根据山东融鑫公司提交的证据材料，仲裁员秦某某本人曾作为中信银行南京分行的代理律师代理了上海市虹口区人民法院（2017）沪 0109 民督 1 号案件，该案于 2017 年 2 月 7 日被裁定终结督促程序，上海市虹口区人民法院（2017）沪 0109 民督 1 号支付令自行失效。另外，秦某某所在的上海市通力律师事务所其他律师还曾代理中信银行南京分行的上海市虹口区人民法院（2017）沪 0109 执异 98 号、上海市虹口区人民法院（2017）沪 0109 执异 99 号、上海市第二中级人民法院（2017）沪 02 民终 7507 号等案件。

四、深圳中院拟处理意见

深圳中院认为，山东融鑫公司申请撤销仲裁裁决的理由主要包括以下三个：一是仲裁庭组成违反法定程序；二是仲裁裁决违反法律规定；三是仲裁裁决违背社会公共利益。对于第二个撤裁理由，合议庭一致认为如何认定事实、适用法律问题属于仲裁庭实体审理的范围，不属于撤销仲裁裁决的法定事由；对于第三个撤裁理由，合议庭一致认为案涉仲裁裁决的是平等主体之间的民事纠纷，不涉及社会公共利益，也不违背我国法律的基本制度与准则，不违背社会和经济生活基本原则及基本道德和伦理，故山东融鑫公司主张仲裁裁决违背社会公共利益缺乏依据，应予驳回。对于第一个撤裁理由，合议庭形成以下两种意见。

合议庭多数意见：首先，《商业银行法》第二十二条规定："商业银行对其分支机构实行全行统一核算，统一调度资金，分级管理的财务制度。商业银行分支机构不具有法人资格，在总行授权范围内依法开展业务，其民事责任由总行承担。"由此可见，中信银行广州分行与中信银行南京分行并非完全独立的民事主体，均从属于中信银行股份有限公司，应视为同一个主体。秦某某作为李某某案的独任仲裁员和梁某某案的首席仲裁员，其本人曾为中信银行南京分行直接代理案件，其所在律师事务所与中信银行南京分行也存在长期合作、代理案件的情况，故应认定为其与中信银行广州分行存在一定的利害关系。其次，仲裁员秦某某已在《仲裁员声明书》中声明不存在可能引起当事人对本人的独立性或公正性产生合理怀疑的任何事实或情况。但事实上，仲裁员曾担任仲裁被申请人中信银行广州分行关联机构的代理人确实可能会引起当事人的合理怀疑，其在仲裁中未主动披露相关事项剥夺了当事人申请回避的权利。最后，仲裁裁决认为中信银行广州分行在审核划款指令过程中的确存在一些不规范操作，未完全符合基金合同的要求，但又裁决完全免除中信银行广州分行的赔偿责任，也确实会引起当事人对仲裁员的公正性、独立性产生合理怀疑。因此，本两案属于仲裁庭组成违反法定程序的情形，应依法向上级法院报核予以撤销。

合议庭少数意见：首先，根据《仲裁法》第三十五条规定，当事人提出回避申请，应当说明理由，在首次开庭前提出。回避事由在首次开庭后知道的，可以在最后一次开庭终结前提出。上述规定既是当事人提出回避的法律依据，也为当事人提出回避明确了程序要求。为确保仲裁秩序的稳定性，当事人通过相关途径获知信息后，应当及时合理地提出回避申请。仲裁员应当披露的事项，应为仲裁员知悉存在可能导致当事人对其公正性、独立性产生合理怀疑的事项。如果不主动披露，当事人就无法及时知晓。山东融鑫公司向法院提交的仲裁员代理案件的法律文书均是从中国裁判文书网查询到的，且均发生在仲裁案件之前，如果认为相关事项会影响仲裁员的公正性和独立性，其是有公开途径知晓、获取并在《仲裁法》规定的期限内提出回避申请的。而山东融鑫公司在整个仲裁程序中均未依法提出回避申请，应认定基于其自身原因怠于行使权利。其次，中信银行广州分行与中信银行南京分行为不同的诉讼主体，仲裁员秦某某本人仅代理了中信银行南京分行一宗督促程序的案件，且该案结案距离仲裁庭组庭也已超过两年，而秦某某所在律师事务所其他律师代理案件的情况更无披露的必要性，故山东融鑫公司提交的证据不足以证明仲裁员与中信银行广州分行存在直接的利害关系或其他影响公正裁决的关系。因此，仲裁员是否披露其曾代理中信银行南京分行案件的信息对本两案处理并无实质性影响，本两案不存在《仲裁法》和《仲裁规则》规定的应当回避的情形，仲裁庭的组成不违反法定程序，应裁定驳回申请人的撤裁申请。

经过深圳中院涉外商事审判庭专业法官会议讨论，专业法官会议多数意见支持合议庭多数意见，专业法官会议少数意见支持合议庭少数意见。该院按照合议庭多数意见认定本两案属于仲裁庭组成违反法定程序的情形，拟裁定撤销深圳国际仲裁院（2019）深国仲裁 4099 号和 4101 号仲裁裁决。

五、我院审查意见

本两案争议焦点在于仲裁庭组成是否违反法定程序。合议庭经过评议，多数意见认为：首先，商业银行分支机构不具有法人资格，中信银行广州分行与中信银行南京分行并非完全独立的民事主体，均从属于总行中信银行股份有限公司，由总行承担民事责任。秦某某本人曾为案涉仲裁被申请人中信银行广州分行的关联机构中信银行南京分行直接代理案件，其所在律所与中信银行南京分行也存在长期合作、代理案件的情况，故应认定为其与中信银行广州分行存在一定的利害关系，且该利害关系确实可能引起当事人的合理怀疑。然而，秦某某作为李某某案的独任仲裁员和梁某某案的首席仲裁员，其不仅没有主动披露上述利害关系，且在《仲裁员声明书》中声明不存在可能引起当事人对本人的独立性或公正性产生合理怀疑的任何事实或情况，剥夺了当事人申请回避的权利。其次，根据《仲裁规则》，仲裁员应当披露的事项，应为任何可能导致当事人对其公正性、独立性产生合理怀疑的事项，并非仅限于如果仲裁员不主动披露、当事人就无法通过其他途径知晓的可能导致当事人对其公正性、独立性产生合理怀疑的事项。虽然仲裁员秦某某本人及其所在律所曾为案涉仲裁当事人的关联机构存在合作、代理案件的情况属于可在公共渠道获取的公开信息，但这并不能免除秦某某作为仲裁员披露该信息的责任。最后，仲裁裁决认为中信银行广州分行在审核划款指令过程中的确存在一些不规范操作，未完全符合基金合同的要求，但又裁决完全免除中信银行广州分行的赔偿责任，确实会引起当事人对仲裁员公正性、独立性的合理怀疑。因此，可以认定本两案属于仲裁庭组成违反法定程序的情形，应予撤销。

合议庭少数意见认为：中信银行广州分行与中信银行南京分行为不同的诉讼主体，仲裁员秦某某本人仅代理了中信银行南京分行一宗督促程序的案件，该事实属可于公共渠道获取的公开信息。且该案结案距离仲裁庭组庭也已超过两年，现有证据不足以证明仲裁员秦某某与中信银行广州分行存在直接的利害关系或其他影响公正裁决的关系，秦某某是否披露其曾代理中信银行南京分行案件的信息对本两案处理并无实质性影响，本两案不存在《仲裁法》和《仲裁规则》规定应当回避的情形，仲裁庭的组成不违反法定程序，应裁定驳回山东融鑫公司的撤裁申请。

综上所述，按照少数服从多数原则，合议庭最终意见认为本两案属于仲裁庭组成违反法定程序，拟同意深圳中院裁定撤销深圳国际仲裁院（2019）深国仲裁 4099 号和 4101 号仲裁裁决的意见。

以上意见妥否，请批复。

最高人民法院

关于裁定驳回李某某等申请撤销仲裁裁决后又有新证据证明仲裁员枉法裁决一案的复函

2022年3月29日　　　　　　　　　　（2022）最高法民他18号

广东省高级人民法院：

你院（2020）粤民他157号《关于裁定驳回李某某等申请撤销仲裁裁决后又有新证据证明仲裁员枉法裁决一案的请示》收悉。经研究，答复如下：

根据你院请示所述事实，（2020）粤0106刑初598号刑事生效判决已经查明并认定（2016）穗仲案字第4072号仲裁裁决的首席仲裁员白某某在该案仲裁过程中构成枉法仲裁罪，因此该仲裁裁决存在《中华人民共和国仲裁法》第五十八条第一款第六项规定的应当裁定撤销的情形。参照《最高人民法院关于人民法院办理仲裁裁决执行案件若干问题的规定》第十条关于"不予执行仲裁裁决申请被裁定驳回后，再次提出申请的，人民法院不予审查，但有新证据证明存在民事诉讼法第二百三十七条第二款第四、六项规定情形的除外"的规定，李某某等可以再次向广东省广州市中级人民法院申请撤销（2016）穗仲案字第4072号仲裁裁决，广东省广州市中级人民法院可以依法立案审查。同意你院第一种处理意见。

此复

附：

广东省高级人民法院
关于裁定驳回李某某等申请撤销仲裁裁决后又有新证据证明仲裁员枉法裁决一案的请示

2021年8月23日　　　　　　　　　　　　（2020）粤民他157号

最高人民法院：

广东省广州市中级人民法院（以下简称广州中院）作出（2017）粤01民特1146号民事裁定（以下简称1146号民事裁定），驳回李某某等撤销仲裁裁决申请，现广州市人民检察院（以下简称广州市检）以相关刑事判决已认定该仲裁裁决的首席仲裁员构成枉法仲裁罪，仲裁裁决存在法定可撤销情形等为由，向广州中院书面建议撤销该仲裁裁决。广州中院就如何处理已裁定驳回当事人申请撤销仲裁裁决后，又有生效刑事判决认定仲裁员有枉法仲裁行为的问题向我院请示。我院经审查，拟参照相关规定，以有新证据证明存在仲裁员枉法裁决行为的情形为由，由当事人申请广州中院再次立案审查相关撤销仲裁裁决案件。因本案涉及新类型案件的法律适用问题，且广州仲裁委员会（以下简称广州仲裁委）相继发现的腐败问题后续可能会有同样问题案件，特向钧院请示。

一、案件基本情况

2015年10月25日，广州仲裁委对申请人黄某某与被申请人李某某、汤某一、汤某二、温某某、广州市致领房地产开发有限公司民间借贷合同纠纷一案作出（2016）穗仲案字第4072号仲裁裁决（以下简称4072号仲裁裁决），裁决李某某等应偿还黄某某借款本金和利息以及相关费用等共计14077422元。李某某等以仲裁员枉法裁决、仲裁违反法定程序、仲裁所依据的证据是伪造的等为由，向广州中院申请撤销该仲裁裁决。其中，故意违背事实和法律、枉法裁决主要是指利息超过24%、《计划书》受胁迫签订、申请人不是担保主体等事由。

广州中院经审查，认为对于欠款本金及利息如何计算、李某某是否受胁迫签订《计划书》、担保责任承担的主体等问题，均是广州仲裁委依据其仲裁职权应当予以认定的实体问题，不属于《仲裁法》第五十八条规定的撤销仲裁裁决事由之一“仲裁员枉法裁决”的范畴，故上述事由均非《仲裁法》第五十八条规定的撤销仲裁裁决的法定事由，依法不予支持。关于申请人主张仲裁违反法定程序，仲裁所依据的证据是伪造的，对方当事人隐瞒了足以影响公正裁决的证据等，该院也认定不成立。广州中院遂于2017年12月13日作出1146号民事裁定，驳回李某某等关于撤销仲裁裁决的申请。

现4072号仲裁裁决已由广州中院（2017）粤01执5488号执行案件（以下简称5488号执行案）执行完毕。共计执行被执行人李某某等存款14795867元，其中14714390元划付给申请执行人某某，执行费81477元上缴国库。

2020年6月22日，广州市检向广州中院发来检察建议书，认为广州市天河区人民法院（以下简称天河法院）于2020年6月19日作出的（2020）粤0106刑初598号刑事判决书（以下简称598号刑事判决），已查明并认定4072号仲裁裁决的首席仲裁员白某某构成枉法仲裁罪，本案存在《仲裁法》第五十八条第一款第六项规定的可撤销仲裁裁决的情形，建议依法撤销4072号仲裁裁决，并对5488号执行案予以执行回转。

二、广州中院的处理意见

广州中院经审查认为，该院在审理1146号申请撤销仲裁裁决案件时，无证据证实仲裁员白某某存在枉法裁决的事实，根据当时查明的事实作出1146号民事裁定，驳回申请人关于撤销仲裁裁决的申请，并无不当。对于如何处理已裁定驳回当事人申请撤销仲裁裁决后，又有生效刑事判决认定仲裁员有枉法仲裁行为的问题，该院审查意见如下。

（1）依现有法律规定，当事人不得重新申请仲裁或另行提起诉讼。《仲裁法》第九条规定，仲裁实行一裁终局的制度。裁决作出后，当事人就同一纠纷再申请仲裁或者向人民法院起诉的，仲裁委员会或者人民法院不予受理。裁决被人民法院依法裁定撤销或者不予执行的，当事人就该纠纷可以根据双方重新达成的仲裁协议申请仲裁，也可以向人民法院起诉。广州中院已裁定驳回申请撤销仲裁裁决，当事人重新申请仲裁或另行提起诉讼缺乏法律依据。

（2）依现有法律规定，当事人不得申请不予执行仲裁裁决。《最高人民法院关于适用〈中华人民共和国民事诉讼法〉的解释》第四百八十一条①规定，“当事人请求不予执行仲裁裁决或者公证债权文书的，应当在执行终结前向执行法院提出。”《最高人民法院关于人民法院办理仲裁裁决执行案件若干问题的规定》第八条第一款规定：“被执行人向人民法院申请不予执行仲裁裁决的，应当在执行通知书送达之日起十五日内提出书面申请；有民事诉讼法第二百三十七条第二款第四、六项规定情形且执行程序尚未终结的，应当自知道或者应当知道有关事实或案件之日起十五日内提出书面申请。”因 4072 号仲裁裁决已执行完毕，当事人不得申请不予执行。

（3）对于该类裁定，当事人不得申请再审，检察机关不得抗诉。根据《最高人民法院关于当事人对驳回其申请撤销仲裁裁决的裁定不服而申请再审，人民法院不予受理问题的批复》（法释〔2004〕9 号，以下简称法释〔2004〕9 号）、《最高人民法院关于人民检察院对不撤销仲裁裁决的民事裁定提出抗诉人民法院应否受理问题的批复》（法释〔2000〕46 号，以下简称法释〔2000〕46 号）的规定，当事人不得对驳回申请撤销仲裁的裁定申请再审，检察机关不得对驳回申请撤销仲裁裁决的裁定抗诉。

---

① 现为 2022 年修正的《最高人民法院关于适用〈中华人民共和国民事诉讼法〉的解释》第四百七十九条。——编者注

（4）可由上级法院再审。依照《民事诉讼法》第一百九十八条①第二款的规定“最高人民法院对地方各级人民法院已经发生法律效力的判决、裁定、调解书，上级人民法院对下级人民法院已经发生法律效力的判决、裁定、调解书，发现确有错误的，有权提审或者指令下级人民法院再审”。1146号民事裁定确有错误，可由上级法院再审。

（5）对于生效民事裁定是否由广州中院依职权再审，存在不同意见。一种意见认为，不应由广州中院依职权启动再审程序。理由是：根据法释〔2004〕9号、法释〔2000〕46号的规定，当事人不得对驳回申请撤销仲裁的裁定申请再审，检察机关不得对驳回申请撤销仲裁裁决的裁定抗诉。第一，上述规定表明，仲裁司法监督有限原则是最高人民法院在对仲裁进行司法审查时坚持的一贯原则，其将仲裁司法监督限制在一定范围内，避免审判权对仲裁的干预过大，体现对仲裁这一独立纠纷解决方式权威性、效率性的维护和对当事人意思自治的保护。虽然《民事诉讼法》及其司法解释均未明确赋予法院依职权对驳回申请撤销仲裁裁决的裁定启动再审，但如果允许法院依职权启动，则明显有悖于仲裁司法监督有限原则，不可避免会使审判权过多地干预仲裁领域，削弱仲裁这一独立纠纷解决方式的权威性、效率性，有悖于仲裁的一裁终局原则。第二，上述规定并未涉及法院能否依职权启动对驳回申请撤销仲裁裁决的裁定进行再审，《民事诉讼法》第一百九十八条也未明确限定法院依职权启动再审的案件范围，但如果允许法院以本院院长发现确有错误为由依职权对驳回撤销仲裁裁决的裁定提起再审，可能会产生审判监督权凌驾于当事人诉权和检察监督权之上的后果，也会导致实践中出现多次再审的问题。第三，最高人民法院研究室在《最高人民法院研究室关于驳回申请撤销仲裁裁决的裁定法院能否依职权启动再审问题的研究意见》中认为，人民法院不应依职权对驳回申请撤销仲裁裁决的裁定依职权启动再审，参考该意见，由广州中院依职权再审缺乏依据。

---

① 现为2023年修正的《民事诉讼法》第二百零九条，下同。——编者注

另一种意见认为，可由广州中院依职权启动再审程序。仲裁员枉法裁决，存在《仲裁法》第五十八条第一款第六项规定可撤销仲裁裁决的情形，可依据《民事诉讼法》第一百九十八条的规定启动审判监督程序，对确有错误的裁定予以再审。理由是：第一，根据《最高人民法院关于审理仲裁司法审查案件若干问题的规定》第十八条、《仲裁法》第五十八条第一款第六项以及《民事诉讼法》第二百三十七条①第二款第六项的规定，仲裁员在仲裁该案时有索贿受贿，徇私舞弊，枉法裁决行为，是指已经由生效刑事法律文书或者纪律处分决定所确认的行为。虽然检察建议书发出时刑事判决尚未生效，但经核实，现刑事判决已生效。生效的刑事判决已认定仲裁员在审理 4072 号仲裁案件中枉法仲裁。第二，根据前述规定，当事人无法通过申请再审或由检察机关抗诉的方式对生效民事裁定进行再审予以纠正，也无法申请不予执行仲裁裁决。第三，《最高人民法院关于下级法院撤销仲裁裁决后又以院长监督程序提起再审应如何处理问题的复函》（〔2003〕民立他字第 45 号）指出，不应以院长发现撤销仲裁裁决的裁定确有错误为由提起再审。该批复解决的是对法院撤销仲裁裁决的裁定是否可以依职权再审的问题，并未规定法院驳回申请撤销仲裁裁决的裁定是否可以依职权再审的问题。综上所述，民事裁定确有错误，人民法院应当依据实事求是的原则依法纠正。在无法通过其他方式对 1146 号民事裁定予以纠正，或撤销 4072 号仲裁裁决，且仲裁裁决已执行完毕无法申请不予执行的情况下，可依据《民事诉讼法》第一百九十八条关于“各级人民法院院长对本院已经发生法律效力的判决、裁定、调解书，发现确有错误，认为需要再审的，应当提交审判委员会讨论决定”的规定，建议广州中院启动审判监督程序，对确有错误的驳回申请撤销仲裁裁决的裁定予以再审。

广州中院涉外商事庭专业法官联席会议多数意见同意上述第一种意见。

---

① 现为 2023 年修正的《民事诉讼法》第二百四十八条，下同。——编者注

另外，广州中院建议在修改法律或出台司法解释时，或通过批复、案例的方式以明确当事人可以重新申请撤销仲裁裁决。具体可表述为："法院作出驳回申请撤销仲裁裁决裁定后，有生效刑事判决认定仲裁员在审理该案中有枉法仲裁行为，且确有损害当事人利益的。若仲裁裁决未执行完毕，当事人可在知道或应当知道刑事判决之日起十五日内，向执行法院申请不予执行仲裁裁决；若仲裁裁决已执行完毕，当事人可在知道或应当知道刑事判决之日起六个月内，申请撤销仲裁裁决。法院重新作出撤销仲裁裁决裁定的，原驳回申请撤销仲裁裁决裁定自动失效。"

三、我院拟处理意见

第一种意见认为，《最高人民法院关于人民法院办理仲裁裁决执行案件若干问题的规定》第十条规定："被执行人申请不予执行仲裁裁决，对同一仲裁裁决的多个不予执行事由应当一并提出。不予执行仲裁裁决申请被裁定驳回后，再次提出申请的，人民法院不予审查，但有新证据证明存在民事诉讼法第二百三十七条第二款第四、六项规定情形的除外。"《民事诉讼法》第二百三十七条第二款规定的是不予执行仲裁裁决的情形，其中第四项、第六项规定的情形分别为"裁决所根据的证据是伪造的""仲裁员仲裁该案时有贪污受贿，徇私舞弊，枉法裁决行为的"。由于《仲裁法》第五十八条第一款规定的撤销仲裁裁决的情形与《民事诉讼法》第二百三十七条第二款规定的不予执行仲裁裁决的情形基本相同，故我院认为本案情形与上述司法解释规定的情形相似，可以参照适用上述司法解释的规定，即广州中院作出 1146 号民事裁定驳回李某某等申请撤销仲裁裁决后，相关刑事判决才生效并证明相关仲裁裁决存在《仲裁法》第五十八条第一款第六项规定的情形，参照《最高人民法院关于人民法院办理仲裁裁决执行案件若干问题的规定》第十条的规定，李某某等可以再次向广州中院申请撤销 4072 号仲裁裁决，广州中院可依法予以立案审查。

第二种意见认为，本案存在《仲裁法》第五十八条第一款第六项规定的仲裁员有枉法裁决行为的情形，李某某等可申请撤销仲裁裁决。故现有证据证明广州中院作出的驳回李某某等撤销仲裁裁决申请的裁定确有错误，应予撤销，但现有法律规定当事人或检察机关均不能对该裁定提出再审申请或抗诉，依照《民事诉讼法》第一百九十八条第二款的规定，我院可依职权对该裁定予以再审。

我院倾向按照上述第一种意见处理。

以上意见当否，请予批复。

最高人民法院

关于上海唯渡网络科技有限公司等申请执行仲裁裁决案请示的复函

2022年3月30日　　　　（2022）最高法民他31、32、34、36、38、39、41-68号

湖北省高级人民法院：

你院（2021）鄂民他373-389、391-407号《关于申请执行人上海唯渡网络科技有限公司与被执行人朱某某等7人、申请执行人浙江汉坤金融信息服务有限公司与被执行人胡某某等7人、申请人执行人汇中利通投资管理（北京）有限公司与被执行人王某某等20人申请不予执行仲裁裁决34案的请示》收悉。经研究，答复如下：

本案为当事人申请执行内地仲裁机构作出的非涉外涉港澳台仲裁裁决案件，应当适用《中华人民共和国民事诉讼法》第二百四十四条的规定进行审查。

对于执行仲裁裁决是否构成违背社会公共利益的情形，司法实践中一直采取较为严格的认定标准。通常认为只有执行裁决构成严重违反我国法律基本原则、侵犯我国国家主权、危害社会公共安全、违反善良风俗以及危及我国根本社会公共利益的情形，才能以违背社会公共利益为由不予执行仲裁裁决。本案中，被执行人通过互联网借款平台与出借人（案外人）签订借款合同，在被执行人逾期还款或违约后，申请执行人从

出借人处受让案涉借款债权，借款合同本质上是个人与个人之间的借款关系，并不涉及社会公共利益。案涉仲裁是针对每一个借款合同项下的具体纠纷解决，并非指向不特定多数人的利益，且裁决内容仅涉及借款本金及利息，并不包含征信审核费、账户管理费、平台服务费、居间服务费等金融监管内容。因此，执行案涉仲裁裁决不足以认定为构成违背社会公共利益。

综上所述，不同意你院以执行仲裁裁决违背社会公共利益为由，不予执行案涉仲裁裁决的请示意见。

此复

附：

湖北省高级人民法院

关于申请执行人上海唯渡网络科技有限公司与被执行人朱某某等7人、申请执行人浙江汉坤金融信息服务有限公司与被执行人胡某某等7人、申请人执行人汇中利通投资管理（北京）有限公司与被执行人王某某等20人申请不予执行仲裁裁决34案的请示

2021年12月22日　　（2021）鄂民他373-389、391-407号

最高人民法院：

申请执行人上海唯渡网络科技有限公司（以下简称唯渡公司）与被执行人朱某某等7人、申请执行人浙江汉坤金融信息服务有限公司（以下简称汉坤公司）与被执行人胡某某等7人、申请人执行人汇中利通投资管理（北京）有限公司（以下简称汇中公司）与被执行人王某某等20人申请不予执行仲裁裁决34案（以下简称34案），因双方当事人住所地

跨省级行政区域且系以违背社会公共利益为由不予执行，依照《最高人民法院关于仲裁司法审查案件报核问题的有关规定》第三条的规定，现将有关情况报请如下。

一、当事人的基本情况

（一）湖北省高级人民法院（2021）鄂民他373-379号案

申请执行人：唯渡公司。住所地：上海市长宁区。

法定代表人：钟某某，该公司经理。

被执行人：朱某某等7人，住址均在湖北省。

（二）湖北省高级人民法院（2021）鄂民他380-386号案

申请执行人：汉坤公司。住所地：浙江省杭州市。

法定代表人：陈某某，该公司执行董事。

被执行人：胡某某等7人，住址均在湖北省。

（三）湖北省高级人民法院（2021）鄂民他387、388、389、391-407号案

申请执行人：汇中公司。住所地：北京市通州区。

法定代表人：薛某，该公司执行董事。

被执行人：王某某等20人，住址均在湖北省。

二、基本案情

出借人（案外人）通过互联网借款平台与被执行人签订借款合同。借款合同约定了借款金额、借款利息、借款期限、每月还款金额、债权转让等内容。借款合同还约定了借款人应向申请执行人或相关方支付征信审核费、账户管理费、平台服务费、居间服务费等费用。借款合同签订后，出借人根据合同约定通过互联网平台实际出借了款项，借款人亦

收到了借款，但借款人未按照合同约定偿还借款。案涉借款逾期或违约后，根据借款合同的约定或相关方另行签订协议的约定，申请执行人从出借人处受让了案涉借款债权。

申请执行人唯渡公司、汉坤公司、汇中公司分别向北海国际仲裁院、广州仲裁委员会、湛江仲裁委员会申请仲裁，请求被执行人偿还借款及按照年利率24%标准计算的利息。上述仲裁机构裁决：被执行人偿还申请执行人实际借款本金及利息（按照年利率24%标准计算），仲裁费由被执行人负担。上述仲裁裁决的应还款本金系借款人实际收到的借款金额，并未包括平台服务费、居间服务费、征信审核费、账户管理费等其他费用。

出借人未参加仲裁。

申请执行人唯渡公司、汉坤公司、汇中公司于2021年8月向湖北省十堰市中级人民法院申请强制执行上述仲裁裁决后，该院于2021年9月3日向唯渡公司、汉坤公司、汇中公司发出通知书，通知其在接到通知之日起五日内提交取得金融监管部门批准从事资金融通业务的资质证明文件，但其均未提交。

三、湖北省十堰市中级人民法院处理意见

湖北省十堰市中级人民法院拟裁定不予执行北海国际仲裁院、广州仲裁委员会、湛江仲裁委员会的仲裁裁决。理由如下：申请执行人及参与案涉互联网借款服务的其他相关方未取得金融监管部门批准从事资金融通业务的资质，但其为借款人与出借人之间借款提供居间服务或其他服务，收取征信审核费、账户管理费、平台服务费、居间服务费等费用，实际是以提供平台和服务为名，收取高额利息（费用）的变相发放贷款行为，违反了《商业银行法》《银行业监督管理法》《中国银行保险监督管理委员会、中华人民共和国公安部、国家市场监督管理总局、中国人民银行关于规范民间借贷行为 维护经济金融秩序有关事项的通知》《网络借贷信息中介机构业务活动管理暂行办法》的相关规定，如果人民法

院执行该裁决将会损害社会公共利益。依照《民事诉讼法》第二百七十四条[①]第二款、《最高人民法院关于人民法院办理仲裁裁决执行案件若干问题的规定》第十一条的规定，拟裁定不予执行34案的仲裁裁决。

四、我院审查意见

经我院合议庭及专业法官会议讨论，对34案的处理形成两种意见。

多数意见：同意原审法院的报请处理意见，即拟裁定不予执行34案的仲裁裁决。理由如下：申请执行人及从事案涉互联网借款服务的其他相关方未取得金融监管部门批准从事资金融通业务的资质，但其为借款人与出借人之间借款提供居间服务，收取征信审核费、账户管理费、平台服务费、居间服务费等费用，实际是以提供服务为名，收取高额利息（费用）的变相发放贷款行为，违反了《商业银行法》《银行业监督管理法》《中国银行保险监督管理委员会、中华人民共和国公安部、国家市场监督管理总局、中国人民银行关于规范民间借贷行为 维护经济金融秩序有关事项的通知》《网络借贷信息中介机构业务活动管理暂行办法》的相关规定，如果人民法院执行该裁决将会损害社会公共利益。依照《民事诉讼法》第二百七十四条第二款、《最高人民法院关于人民法院办理仲裁裁决执行案件若干问题的规定》第十一条的规定，拟裁定不予执行34案的仲裁裁决。

少数意见：不同意原审法院的报请处理意见，即应裁定准予执行34案的仲裁裁决。理由如下：（1）申请执行人仅系案涉借款合同的居间服务人或提供其他服务的当事人，并非借款合同的借款人或出借人，并未实际从事网络借贷业务。（2）网络借贷信息中介业务或其他服务并非特许经营行业，从原审查明的事实来看，不足以认定超越经营范围。即使超越经营范围，也并不导致借款合同无效。若认定申请执行人的行为损害了社会公共利益，可能导致案涉借款合同无效的法律后果，损害了出

① 现为2023年修正《民事诉讼法》第二百九十一条，下同。——编者注

借人的合同权益。(3) 虽然案涉借款合同约定了申请执行人可以收取征信审核费、账户管理费、平台服务费、居间服务费等费用，但申请执行人申请仲裁时并未请求支付上述费用，其仅请求偿还实际出借的本金及利息。(4) 仲裁裁决认定的利息标准为年利率24%，并未超出借款时司法解释规定的利率上限，不存在申请执行人收取高息的问题。(5) 社会公共利益是关系社会全体成员的利益，涉及整个社会最根本的法律、道德的共同利益，其概念有严格的内涵，不得随意作扩大解释，对其适用应是个例，不应成为常态。虽然申请执行人根据案涉借款合同或另行签订的协议约定在借款发生逾期的情况下受让出借人对借款人的债权，但该约定并未违反法律法规的强制性规定，不足以认定申请执行人实施了收取高额利息（费用）的变相发放贷款行为。因此，原审法院认定人民法院执行案涉仲裁裁决将会损害社会公共利益，依据不足。

综上所述，根据上述多数意见，本院拟裁定不予执行34案的仲裁裁决。

妥否，请批复。

（三）申请不予执行内地仲裁裁决案件

最高人民法院

关于阜南县中医院申请不予执行仲裁裁决一案的复函

2022年6月28日　　　　（2022）最高法民他77号

安徽省高级人民法院：

你院（2021）皖执他7号《关于阜南县中医院申请不予执行杭州仲裁委员会（2018）杭仲裁字第1060号仲裁裁决一案的审核报告》收悉。经研究，答复如下：

你院认为，仲裁裁决片面支持浙江海亮融资租赁有限责任公司（以下简称海亮公司）的合同权利，而未考虑海亮公司怠于行使合同解除权导致北京远程心界医院管理有限公司继续占有不当利益、阜南县中医院损失继续扩大的局面，显失公正，违背社会公共利益。你院所称的上述问题，本质上属于法律适用是否正确的问题，不属于仲裁司法审查范围。你院认为执行仲裁裁决将损害阜南县中医院利益，而该医院为非营利公立医院，具有社会公共利益性质，损害其利益即损害了社会公共利益。这一观点不能成立，因为仲裁司法审查中的社会公共利益，通常指我国法律基本原则、国家主权、国家及社会公共安全、善良风俗等。故本案执行仲裁裁决不存在违背社会公共利益的情形，不同意你院不予执行仲裁裁决的意见。

此复

附：

安徽省高级人民法院
关于阜南县中医院申请不予执行杭州仲裁委员会（2018）杭仲裁字第1060号仲裁裁决一案的审核报告

2022年2月17日　　　　　　　　　　　　（2021）皖执他7号

最高人民法院：

安徽省阜阳市中级人民法院（以下简称阜阳中院）在执行阜南县中医院（以下简称阜南中医院）与浙江海亮融资租赁有限责任公司（以下简称海亮公司）、北京远程心界医院管理有限公司（以下简称远程公司）融资租赁合同纠纷一案中，阜南中医院申请不予执行杭州仲裁委员会（2018）杭仲裁字第1060号裁决。阜阳中院受理后，经审查认为符合不予执行的条件，拟作出不予执行裁定。该院层报我院审查。现将审查情况报告如下。

一、当事人基本情况

被执行人：阜南中医院。住所地：安徽省阜南县。

法定代表人：王某某，该院院长。

申请执行人：海亮公司。住所地：杭州经济技术开发区。

法定代表人：季某某，该公司董事长。

二、案件由来

阜南中医院与海亮公司、远程公司融资租赁合同纠纷一案，杭州仲裁委员会于2019年3月13日作出（2018）杭仲裁字1060号裁决。海亮公司于2019年6月3日向阜阳中院申请强制执行，该院于同日立案执行，并于同月21日裁定指定阜南县人民法院执行。在执行过程中，阜南中医院于2019年6月13日提出不予执行仲裁裁决申请，阜阳中院依法进行审查。审查期间，阜南县公安局于2019年11月7日根据阜南中医院报案以海亮公司、远程公司涉嫌合同诈骗罪进行立案侦查，阜阳中院2019年11月8日作出裁定，中止对案件审查。阜南县公安局于2021年7月23日以“不应对犯罪嫌疑人追究刑事责任”为由撤销案件，阜阳中院2021年9月8日作出裁定，遂恢复本案审查。

三、申请人不予执行意见和被申请人的答辩意见

申请人阜南中医院称：阜南中医院与海亮公司、远程公司融资租赁合同纠纷一案，杭州仲裁委员会作出的（2018）杭仲裁字第1060号裁决书，违反《仲裁法》第五十八条第一款第四项、第二款、《最高人民法院关于人民法院办理仲裁裁决执行案件若干问题的规定》第十七条的规定。理由如下：（1）仲裁裁决所依据的证据系海亮公司伪造的。仲裁裁决的关键证据是“租赁物交付确认书”和“函”，对这两份证据阜南中医院并不知情，这两份证据是海亮公司伪造的且内容虚假。（2）仲裁裁决违背社会公共利益。阜南中医院是国家出资设立的非营利公立医院，是社会公共利益的实施主体，其利益是全民公共利益，错误的仲裁裁决侵犯了阜南中医院的合法权益，危害了公共利益，依法不予执行。（3）本案涉嫌诈骗罪，依法亦应不予执行。（4）仲裁裁决适用法律错误。杭州仲裁委员会作出（2018）杭仲裁字第1060号裁决违反法律规定，请求人民法院依法不予执行该仲裁决定。

被申请人海亮公司答辩：（1）阜南中医院申请不予执行仲裁裁决已经超过法定期限。（2）人民法院应当按照《民事诉讼法》第二百三十七条[①]规定审理，案件的实体内容不是本案审理的范围。杭州仲裁委员会作

① 现为2023年修正的《民事诉讼法》第二百四十八条，下同。——编者注

出的仲裁裁决，各方不存在伪造证据或者故意隐瞒证据的情况，不符合不予执行的条件。(3) 即使人民法院拟裁定不予执行，也应当报最高人民法院审核后方可作出。

四、阜阳中院查明的事实

阜阳中院查明，阜南中医院因与海亮公司、远程公司融资租赁合同纠纷一案，于2018年10月16日向杭州仲裁委员会申请仲裁。请求：(1) 依法解除阜南中医院与海亮公司、远程公司签订的《融资租赁合同》《租赁物买卖合同》；(2) 依法裁决海亮公司、远程公司返还阜南中医院已支付的租金1704369.70元；(3) 依法裁决海亮公司、远程公司承担仲裁费。杭州仲裁委员会根据三方合同中的仲裁条款受理本案。海亮公司提出反请求：(1) 阜南中医院向海亮公司支付所有到期和未到期租金3936073.59元，支付逾期利息32809.12元（暂计至2018年10月31日，此后逾期利息以租金为基数，按每日利率0.05%计算至租金实际支付之日止)，支付名义货价550.2万元；(2) 阜南中医院向海亮公司支付违约金307587.71元；(3) 阜南中医院向海亮公司支付因本案支付的律师代理费6000元；(4) 由阜南中医院承担本案仲裁费用。杭州仲裁委员会对本请求和反请求进行合并审理，远程公司经书面通知后无正当理由不到庭，杭州仲裁委员会缺席审理。

杭州仲裁委员会查明：2017年3月23日，远程公司、海亮公司与阜南中医院签订了《租赁物买卖合同》，合同约定，远程公司为出卖人，海亮公司为买受人，阜南中医院为收货人。该合同第一条约定，海亮公司根据阜南中医院对出卖人和租赁物的选择购买该合同项下的标的物，出租给阜南中医院使用。海亮公司需要向远程公司支付租赁物的购买价款，阜南中医院需要向海亮公司支付租金，远程公司需向阜南中医院交付租赁物。该合同第四条约定，远程公司迟延三十日以上未交付租赁物或未交货数量达应交货总数90%以上的，海亮公司有权解除本合同。同日，海亮公司与阜南中医院签订《融资租赁合同》，合同约定，海亮公司向远程公司购买医疗设备，作为《融资租赁合同》项下的租赁物出租给阜南中医院。《融资租赁合同》对租金支付时间、租期、租赁服务费、租赁保证金、租赁物的交付和验收、违约责任等事项作了详细的约定。2017年3月31日，海亮公司向远程公司支付租赁物购买价款计550.2万元。同年4月1日，海亮公司向阜南中医院出具《租金支付计划调整通知书》及附件，正式确定起租日为2017年3月31日并对原租金支付计划进行调整，租金总额为6151754.20元，偿付期限自2017年5月至2020年3月。阜南中医院确认已正式收到前述通知，同意上述通知及其附件对《融资租赁合同》及其附件相关内容的调整。截至2018年5月，海亮公司已连续收取了十三期租金，金额总计为2215680.61元，阜南中医院尚欠租金3936073.59元。另外，海亮公司收取了租赁服务费297108元，保证金440160元，因本案已支付律师费6000元。

杭州仲裁委员会认为，阜南中医院与远程公司、海亮公司签订了《租赁物买卖合同》以及阜南中医院与海亮公司签订的《融资租赁合同》系各方当事人真实意思表示；其内容涉及融资租赁中租赁物的购买及租赁，符合我国《合同法》第二百三十七条①关于融资租赁合同的规定，合法有效，各方均应依约履行。《租赁物买卖合同》签订后，因远程公司未能按时交付设备，致使该合同无法履行，远程公司负有主要责任。根据《合同法》第九十三条②的规定，当事人可以约定一方解除合同的条件，解除合同的条件成就时，解除权人可以解除合同。该《租赁物买卖合同》第四条约定，远程公司延迟三十日以上未交付租赁物或未交货数量达应交货总数90%以上，海亮公司有权解除本合同，并有权要求远程公司返还海亮公司已支付的所有租赁物购买价款，并收取违约金。因此，《租赁物买卖合同》约定的解除权人应为海亮公司，并非阜南中医院。同时，就本案中《融资租赁合同》的约定来看，海亮公司的主要义务是提供融资，并无直接交付租赁物的义务。海亮公司已经全额支付了租赁物购买

① 现为《民法典》第七百三十五条。——编者注

② 现为《民法典》第五百六十二条。——编者注

价款，已经完成了主要义务，并未构成违约，故杭州仲裁委员会不同意阜南中医院提出的依法解除《租赁物买卖合同》和《融资租赁合同》的请求。根据《融资租赁合同》第十一条的约定，阜南中医院未能按期支付租金已构成违约。海亮公司有权宣布合同项下全部未付租金到期，并要求阜南中医院立即支付全部到期租金、未到期租金及其逾期利息、违约金、其他应付款项。

关于阜南中医院提出的应将其已支付的租赁服务费 297108 元和保证金 440160 元抵作租金的要求，因不符合《融资租赁合同》的约定，杭州仲裁委员会不予支持。关于海亮公司提出要求阜南中医院支付名义货价 550.2 万元的仲裁反请求，没有法律依据和合同依据，杭州仲裁委员会不予支持。但是，阜南中医院在履行《融资租赁合同》项下的全部义务后，仍保留向远程公司的索赔权利。依据《合同法》第一百零七条、第一百一十三条第一款、第二百四十八条①、《最高人民法院关于审理融资租赁合同纠纷案件适用法律问题的解释》第二十条和《仲裁法》第五十七条的规定，杭州仲裁委员会作出（2018）杭仲裁字第 1060 号裁决。裁决：（1）驳回申请人阜南中医院的仲裁本请求；（2）申请人阜南中医院向被申请人海亮公司支付所有到期未付和未到期租金总计人民币 3936073.59 元，支付逾期利息人民币 32809.12 元；（3）申请人阜南中医院向被申请人海亮公司支付违约金人民币 307587.71 元；（4）申请人阜南中医院应向被申请人海亮公司支付其因本案支出的律师代理费人民币 6000 元；（5）驳回被申请人海亮公司其他仲裁反请求；（6）本案本请求仲裁费用人民币 72853 元，由申请人阜南中医院自行承担；本案反请求仲裁费用人民币 41500 元，由阜南中医院承担人民币 526 元，申请人承担的部分，由申请人径直支付给被申请人海亮公司。

五、阜阳中院拟处理意见

阜阳中院认为：（1）仲裁裁决违背社会公共利益。社会公共利益一

① 现为《民法典》第五百七十七条、第五百八十四条、第七百五十二条。——编者注

般是指为广大公民所享受的利益。阜南中医院是国家出资设立的，集急救、医疗、康复、保健、科研、教学为一体的三级中医院，具有社会公共利益的性质，为社会公共利益的承担者，其个体的经济利益在特定情形下可能转化为社会公共利益。阜南中医院为满足全县心血管疾病患者的治疗需求，与海亮公司、远程公司签订了融资租赁合同，在合同履行过程中，经多次催要远程公司未交付租赁物，杭州仲裁委员会在明知阜南中医院未收到合同标的物的情形下，作出（2018）杭仲裁字第1060号裁决，由阜南中医院支付巨额租金和违约金及其他费用，显失公平，违背社会公共利益，依法应裁定不予执行。此外，根据《最高人民法院关于审理融资租赁合同纠纷案件适用法律问题的解释》第十一条第三项"因出卖人的原因致使融资租赁合同目的不能实现的，承租人请求解除融资租赁合同的，人民法院应予支持"的规定，在本案中，出卖人远程公司未交付合同标的物，合同目的无法实现，应当依法解除合同，杭州仲裁委员会的裁决适用法律错误。虽然仲裁裁决适用法律问题不属于审查的范围，但是，如果人民法院执行明显适用法律错误的裁决，势必造成司法不公，有损人民法院的公信力。（2）向阜南县卫健委发出司法建议，对阜南中医院的重大决策及经营活动强化监督和管理，有效避免国有资产蒙受损失。

经该院审判委员会2021年9月13日会议讨论，拟裁定不予执行杭州仲裁委员会作出（2018）杭仲裁字第1060号裁决。

六、需要说明的问题

阜阳中院在审查本案过程中获悉，远程公司董事长韩某善涉嫌合同诈骗被广西壮族自治区贵港市公安局抓捕。为保证案件依法公正处理，阜阳中院致函贵港市公安局，函询本案是否列入侦查范围，又派员于2019年10月11日前往贵港市公安局经侦支队了解情况，案件承办人称不作书面复函，仅口头介绍情况。据了解，类似本案情况全国约有上百家，涉及上百亿元的资金，有一些案件已经立案侦查。全国很多公安机关向贵港市公安局了解情况，多数都在观望中（关于本案阜南县公安局已经于 2021 年 7 月 23 日以“不应对犯罪嫌疑人追究刑事责任”为由撤销案件）。

七、类案检索情况

通过“法信平台”检索，与本案类似的还有福建省地质医院（以下简称地质医院）、海亮公司借款合同纠纷案。在该案中海亮公司因与地质医院之间的融资租赁合同纠纷，向杭州仲裁委员会提出仲裁申请。杭州仲裁委员会受理该案，在审理过程中，地质医院向仲裁庭申请追加案外人远程公司为该案被申请人或第三人。仲裁庭认为，由于《杭州仲裁委员会仲裁规则》没有关于追加第三人加入仲裁的程序，故对地质医院申请追加远程公司为该案第三人的请求不予同意，并且远程公司不是案涉《融资租赁合同》的当事人，从程序上而言追加其为该案被申请人依据不足。考虑到地质医院与远程公司之间另有签订合同，地质医院可据此另行提起仲裁或诉讼，故对地质医院申请追加远程公司为该案被申请人的请求不予同意。2019 年 4 月 9 日，杭州仲裁委员会作出（2018）杭仲裁字第 119 号裁决书。该仲裁裁决生效后，因地质医院未自觉履行，海亮公司申请强制执行。

另查明，地质医院向杭州中院申请撤销杭州仲裁委员会（2018）杭仲裁字第 119 号裁决，该院于 2019 年 4 月 22 日立案受理。地质医院申请撤销该裁决的主要理由如下：（1）仲裁庭的组成或仲裁程序违反法定程序。海亮公司选定的仲裁员麻某与海亮公司有一定关系，足以影响麻某公正仲裁。（2）对方当事人隐瞒了足以影响公正裁决的证据。即设备是否真实存在和海亮公司与远程公司巨额资金往来的证据被隐瞒。（3）仲裁裁决所依据的证据是伪造的，即《租赁交付确认书》系伪造。（4）该案所涉事实已经由多地立案侦查，且相关法院已经中止审理民事案件。（5）地质医院将该案所涉的与海亮公司、远程公司之间的《融资租赁合同》《租赁物买卖合同》的签订和履行过程向法院陈述，说明海亮公司在仲裁中所述与客观事实不符。综上所述，地质医院认为案涉仲裁裁决存在《仲裁法》第五十八条规定的情形，应当予以撤销。该院经审理，于2019年7月24日作出（2019）浙01民特130号民事裁定：驳回地质医院要求撤销杭州仲裁委员会（2018）杭仲裁字第119号裁决的申请。

又查明，杭州仲裁委员会对该案的仲裁程序适用《杭州仲裁委员会仲裁规则》。

杭州中院认为，该案的争议焦点为杭州仲裁委员会（2018）杭仲裁字第119号裁决是否存在法定不予执行的情形。根据《民事诉讼法》第二百三十七条第二款、第三款规定："被申请人提出证据证明仲裁裁决有下列情形之一的，经人民法院组成合议庭审查核实，裁定不予执行：（一）当事人在合同中没有订有仲裁条款或者事后没有达成书面仲裁协议的；（二）裁决的事项不属于仲裁协议的范围或者仲裁机构无权仲裁的；（三）仲裁庭的组成或者仲裁的程序违反法定程序的；（四）裁决所根据的证据是伪造的；（五）对方当事人向仲裁机构隐瞒了足以影响公正裁决的证据的；（六）仲裁员在仲裁该案时有贪污受贿，徇私舞弊，枉法裁决行为的。人民法院认定执行该裁决违背社会公共利益的，裁定不予执行。"申请人地质医院申请不予执行案涉仲裁裁决应举证证明案涉仲裁裁决存在上述法律规定的情形，否则，应承担相应举证不能的法律后果。具体分析如下。

首先，案涉仲裁裁决是否存在仲裁的程序违反法定程序。根据《最高人民法院关于适用〈中华人民共和国仲裁法〉若干问题的解释》第二十条的规定，《仲裁法》第五十八条规定的"违反法定程序"，是指违反《仲裁法》规定的仲裁程序和当事人选择的仲裁规则可能影响案件正确裁决的情形。依据《杭州仲裁委员会仲裁规则》第十八条第六款的规定："首次开庭结束前，因当事人申请，仲裁庭可以根据案件的具体情况决定是否追加仲裁当事人。"第五十二条第一款规定："两个或两个以上仲裁案件涉及到共同的或有关联的事实问题，应一方当事人申请，或者仲裁庭认为适用时，在征得所有当事人同意后，仲裁庭可以将案件进行合并审理，但裁决书应分别作出。”故《仲裁法》和《杭州仲裁委员会仲裁规则》均未对仲裁庭追加当事人、合并审理作出强制性规定。远程公司能否成为仲裁案件当事人、本案与另案是否需要合并审理均属杭州仲裁委员会依据职权予以决定的范畴。杭州仲裁委员会根据《杭州仲裁委员会仲裁规则》，决定不予追加远程公司为该案当事人，不予合并审理并未违反《仲裁法》及《杭州仲裁委员会仲裁规则》的规定，该项不予执行理由不能成立。

其次，执行案涉仲裁裁决是否违背社会公共利益。地质医院虽系公立医院，从事公益事业，但该案涉及的《融资租赁合同》是平等主体之间的商业行为，我国民事法律对各类民事主体实施平等保护，不能适用公共利益原则。故该项不予执行理由也不能成立。

再次，地质医院以仲裁庭未中止审理等申请撤销仲裁裁决时提出的事由申请不予执行的，根据《最高人民法院关于人民法院办理仲裁裁决执行案件若干问题的规定》第二十条的规定，被执行人在申请撤销仲裁裁决被驳回后，又以相同事由提出不予执行申请的，法院不予支持。

最后，地质医院提出福州市已对海亮公司及远程公司涉嫌合同诈骗罪立案侦查、本案租赁物未交付等理由，不属于不予执行仲裁裁决的法定事由，法院不予审查。

综上所述，裁定驳回申请人地质医院不予执行杭州仲裁委员会（2018）杭仲裁字第 119 号裁决的申请。

八、我院审查意见

本案经合议庭评议，执行专业法官会议讨论，多数人认为：（1）本案根据《租赁物买卖合同》约定，远程公司延迟三十日以上未交付租赁物或未交付数量达应交货数 90%以上的，海亮公司有权解除合同，要求对方返还购买款及违约金，而阜南中医院无权解除合同。海亮公司在远程公司无法交付货物情况下，怠于行使合同解除权，导致阜南中医院在未收到货物情况下仍要继续支付租金，导致明显不公平，且海亮公司对此存在过错；（2）阜南中医院为非营利公立医院，具有社会公共利益的性质。杭州仲裁委员会裁决查明部分载明，有理由相信，远程公司未按约交付全部租赁物，将给阜南中医院造成重大的经济损失。在阜南中医院未收到合同项下租赁物的情形下，杭州仲裁委员会仍作出阜南中医院支付巨额租金、违约金及其他费用的裁决，系片面支持海亮公司的合同权利，而未考虑海亮公司怠于行使合同解除权导致远程公司继续占有不当利益、阜南中医院继续扩大损失的局面，显失公平，违背社会公共利益。少数人认为，在仲裁裁决书未被撤销的情况下，申请人申请执行，符合法律规定。案经本院审判委员会讨论决定，同意阜阳中院不予执行的处理意见，并向你院报核。望答复。

特此报告。

（四）申请承认和执行外国仲裁裁决案件

最高人民法院

关于 HZPC 控股有限公司申请承认和执行外国仲裁裁决一案请示的复函

2022年6月30日　　　　（2022）最高法民他27号

河北省高级人民法院：

你院（2021）冀民他17号《关于申请人HZPC控股有限公司申请承认和执行新加坡国际仲裁中心仲裁裁决一案的请示》收悉。经研究，答复如下：

本案系申请承认和执行外国仲裁裁决案件，根据《中华人民共和国民事诉讼法》第二百九十条的规定，应当依照我国缔结或者参加的国际条约办理。案涉仲裁裁决由新加坡国际仲裁中心在新加坡作出，我国和新加坡均为《承认及执行外国仲裁裁决公约》成员国，故本案应依据该公约的规定进行审查。

根据请示及卷宗载明的事实，HZPC控股有限公司向你院提交的代理意见明确表示，撤回其《承认和执行外国仲裁裁决申请书》中的第3项请求，亦即不再申请承认和执行《部分裁决》第149段裁项。鉴于HZPC控股有限公司代理人系特别授权，其代理权限包括放弃、变更申请，当事人撤回对部分裁项的承认和执行申请，系基于意思自治行使处分权，法律对此并无禁止性规定，且《部分裁决》第149段裁项与其他裁项不存在不可分的关系，故就其撤回对部分裁项承认和执行的申请应予认可。

《部分裁决》第146—148段裁项、第150—154段裁项，以及《2019年4月26日部分裁决之裁决解释》，主要涉及《代理协议》解除的相关问题，该部分裁项的承认和执行并不存在违反公共政策的情形。

综上所述，在HZPC控股有限公司已经撤回对《部分裁决》第149段裁项承认和执行请求的情况下，不宜根据《承认及执行外国仲裁裁决公约》第五条第二款（乙）项的规定，以违反我国公共政策为由，拒绝承认和执行本案所涉仲裁裁决。

此复

附：

河北省高级人民法院

关于申请人HZPC控股有限公司申请承认和执行新加坡国际仲裁中心仲裁裁决一案的请示

2021年12月13日　　（2021）冀民他17号

最高人民法院：

河北省张家口市中级人民法院于2019年11月6日受理申请人HZPC控股有限公司（以下简称HZPC公司）与被申请人雪川农业发展股份有限公司（以下简称雪川公司）申请承认和执行新加坡国际仲裁中心仲裁裁决一案，经我院审查，拟同意河北省张家口市中级人民法院不予承认和执行的意见，现将有关情况报告如下。

一、当事人的基本情况

申请人：HZPC公司。住所地：荷兰乔尔市。

法定代表人：杰某尔斯·弗某西斯·雅某布斯·贝某斯，该公司董事。

被申请人：雪川公司。住所地：河北省张家口察北管理区。

法定代表人：王登社，该公司董事长。

二、案件的基本事实

2016年6月17日，HZPC公司根据与雪川公司签订的《代理协议》向新加坡国际仲裁中心提请仲裁。2019年4月26日，新加坡国际仲裁中心就2016年148号案中HZPC公司与雪川公司的纠纷作出《部分裁决》，该《部分裁决》于新加坡国际仲裁中心裁决登记处登记号为2019年第047号，内容为："146. 依法确认被申请人依法应对违反其应（i）向申请人及其合作伙伴出售HZPC公司选定的繁殖材料；（ii）向申请人提供DUS测试材料；（iii）在合同解除之前不得擅自处理申请人的植物材料之义务承担法律责任。147. 依法确认申请人与被申请人之间签署的于2015年5月9日生效的《代理协议》于2016年5月1日被申请人有效解除。148. 依法裁决被申请人应在《部分裁决》作出之日后第十一日起不得以研究、培育、种植、生产、营销、向第方销售或任何其他使用之目的使用任何现存实有的HZPC公司品种植物材料，该植物材料包括母本、组培植株、组培苗、微型薯、田间一代种薯和田间二代种薯。149. 依法裁决被申请人有义务于《部分裁决》作出之日起二十一日内向申请人或申请人指定的第三方无条件地就全部现存实有的HZPC公司品种植物材料之所有权按照田间一代种薯每吨人民币2581.66元、田间二代种薯每吨人民币2566.66元、微型薯每粒人民币0.3675元的价格发出要约，前述之所有权应为即时生效、无瑕疵及完整的所有权。150. 依法裁决被申请人应在《部分裁决》作出之日后第十一日起立即、无条件且不可撤销地停止并终止使用《部分裁决》附件1中所载的商标及名称。151. 除仲裁庭已决定将在赔偿损失审理阶段作出裁决的请求外，申请人的其他请求予以驳回。152. 被申请人的反请求中的所有请求事项予以驳回。153. 裁决被申请人应向申请人支付律师费和其他费用合计297678.58欧元。154.

《部分裁决》构成对所裁事项的终局裁决。”2019年6月19日新加坡国际仲裁中心作出并于2019年6月20日在新加坡国际仲裁中心裁决登记处登记号为2019年第047（a）号裁决之《2019年4月26号部分裁决之裁决解释》（以下简称为《部分裁决解释》），内容为：“27. 综上所述，仲裁庭对部分裁决的裁决解释如下：部分裁决第148段所载的被申请人义务亦适用于要约所涉品种权人。但被申请人允许采取以减少现状导致的损失的方式处置要约所涉品种权人。28. 驳回被申请人的其他请求。29. 根据新仲裁规则第29.4条的规定，本裁决解释构成部分裁决的一部分。”

河北省张家口市中级人民法院拟不予承认和执行《部分裁决》和《部分裁决解释》，并于2021年11月10日向本院报核。

三、河北省张家口市中级人民法院拟处理意见

河北省张家口市中级人民法院经审查认为：《民事诉讼法》第二百八十三条[①]规定：“国外仲裁机构的裁决，需要中华人民共和国人民法院承认和执行的，应当由当事人直接向被执行人所在地或者其财产所在地的中级人民法院申请，人民法院应当依照中华人民共和国缔结或者参加的国际条约，或者按照互惠原则办理。”

根据《承认及执行外国仲裁裁决公约》第五条第二款规定：“倘声请承认及执行地所在国之主管机关认定有下列情形之一，亦得拒不承认及执行仲裁裁决：（甲）依该国法律，争议事项系不能以仲裁解决者；（乙）承认或执行裁决有违该国公共政策者。”

因此，本案的核心是，若承认和执行《部分裁决》及《部分裁决解释》是否构成违反我国相关法律强制性规定，并因此违反中国的公共政策。首先，HZPC公司依《代理协议》向雪川公司提供的马铃薯品种，未通过国家级或者省级审定亦未取得生产经营许可，违反了我国《种子法》的强制性规定。《种子法》第七十四条第三项[②]的规定：“主要农作

① 现为2023年修正的《民事诉讼法》第三百零四条，条文内容已作修改，下同。——编者注
② 现为2021年修正的《种子法》第九十条，条文内容已作修改。——编者注

物是指稻、小麦、玉米、棉花、大豆以及国务院农业行政主管部门和省、自治区、直辖市人民政府农业行政主管部门各自分别确定的其他一至二种农作物。"《主要农作物范围规定》第二条第一款规定："根据《种子法》第七十四条第一款第三项规定，除稻、小麦、玉米、棉花、大豆为主要农作物外，农业部确定油菜、马铃薯为主要农作物。"《种子法》第十五条规定："主要农作物品种和主要林木品种在推广应用前应当通过国家级或者省级审定……"；第十七条第一款规定："应当审定的农作物品种未经审定通过的，不得发布广告，不得经营、推广。"第二十条规定："主要农作物和主要林木的商品种子生产实行许可制度。主要农作物杂交种子及其亲本种子、常规种原种种子、主要林木良种的种子生产许可证，由生产所在地县级人民政府农业、林业行政主管部门审核，省、自治区、直辖市人民政府农业、林业行政主管部门核发；其他种子的生产许可证，由生产所在地县级以上地方人民政府农业、林业行政主管部门核发。"第二十六条第一款规定："种子经营实行许可制度。种子经营者必须先取得种子经营许可证后，方可凭种子经营许可证向工商行政管理机关申请办理或者变更营业执照。"第三十一条第二款规定："……禁止任何单位和个人无证或者未按照许可证的规定经营种子。"根据上述规定，马铃薯属于我国主要农作物，马铃薯品种在推广前应当首先通过国家级或者省级审定，未经审定通过的，不得发布广告、经营、推广；在我国境内生产和经营马铃薯品种需领取种子生产经营许可证，未获得品种审定的马铃薯品种是不能领取种子生产经营许可证的，未取得种子生产经营许可证的情况下销售马铃薯种子是我国《种子法》明确禁止的行为。

首先，在本案中，HZPC公司与雪川公司签订的《代理协议》中约定，"4.1作为食用品种的Lucinda、Voyager和Evora的植物材料。双方应合作争取尽快取得这些品种的审定登记"。而在本庭开庭时HZPC公司与雪川公司未向本院提交合法的审定登记材料。因此，HZPC公司向雪川公司提供的科研繁殖用马铃薯组培苗生产的收获物在国内作商品种子销售，违反我国《种子法》的上述禁止性规定。另外，HZPC公司向雪川公司提供的马铃薯品种种薯的《中华人民共和国海关进口货物报关单》注明：进口的马铃薯组培苗是科研繁殖用。然而HZPC公司与雪川公司签订的《代理协议》约定："3.8对于Challenger、Ivory Russet品种和可能的新的品种，HZPC公司有权限制雪川公司对一些特定买方的销售，但不得超过雪川公司对于Challenger、Ivory Russet品种和可能的新的加工品种的销售的5%。3.9雪川公司不得安排在加工市场范围外销售加工品种。3.10在2015年收割后，雪川公司需要将2015年收割的Frisina、Challenger、Ivory Russet、Taurus、Lucinda、Voyager和Evora品种的任何材料（组培苗、微型薯、FG1和FG2）的最多50%部分按照成本价销售给HZPC公司或HZPC公司的合作伙伴。具体数量由HZPC公司决定。在2015年收割后，就品种权人品种雪川公司需要向HZPC公司或其合作伙伴按照成本价销售2015年收割的部分中最大数量分别如下：20万个微型薯、200吨FG1和2000吨FG2。具体数量由HZPC公司决定。3.11在2015年收割后，雪川公司需要将2015年收割的所有其他品种的所有材料（组培苗、微型薯、FG1和FG2）按照成本价销售给HZPC公司或HZPC公司的合作伙伴。HZPC公司有义务购买所有材料。"

上述内容是在我国范围内对马铃薯种子的销售约定，双方之间的约定亦违反了前述我国的相关强制性规定。故HZPC公司与雪川公司开展技术合作，从事马铃薯品种研发、种子生产经营，在未依照我国《种子法》《进出口农作物种子（苗）管理暂行办法》《农作物种子生产经营许可管理办法》等规定，对于所经营的品种进行审定，并依法申领生产经营许可证的情况下，构成对我国公共政策的违反。

其次，2001年中华人民共和国农业部已经将马铃薯确定为我国的主要农作物。同时，马铃薯也是一种容易传带生物病原物的繁殖材料。根据我国2017年修订的《植物检疫条例》第十二条第一款的规定，"从国外引进种子、苗木，引进单位应当向所在地的省、自治区、直辖市植物检疫机构提出申请，办理检疫审批手续。但是，国务院有关部门所属的在京单位从国外引进种子、苗木，应当向国务院农业主管部门、林业主管部门所属的植物检疫机构提出申请，办理检疫审批手续。具体办法由国务院农业主管部门、林业主管部门制定。”《国外引种检疫审批管理办法》第二条规定：“从国外引进种子、苗木和其他繁殖材料，实行农业部和各省、自治区、直辖市农业厅（局）两级审批。其执行机构是农业部全国植物保护总站和各省、自治区、直辖市农业厅（局）植物检疫（植保植检）站。”第六条第二项规定：“种苗引进后，引种单位必须按照《引进种子、苗木检疫审批单》上指定的地点进行引进种苗隔离试种或者隔离种植。隔离试种或者隔离种植期限，一年生植物不得小于一个生育周期，多年生植物不得少于两年。隔离试种或者隔离种植期间，由种植地的省农业厅（局）植物检疫（植保植检）站负责疫情监测，并签署症情监测报告。必要时，由全国植物保护总站组织重点疫情监测。”

2014 年 7 月 21 日，国家质量监督检验检疫总局关于进口荷兰马铃薯微型薯检验检疫要求的公告，允许进境的商品名称，用于种植用的马铃薯微型薯，学名：Solanum tuberosum，英文名：potato mini tuber 以下简称微型薯。本案中 HZPC 公司将不允许引进的马铃薯商用种薯、种苗引入我国境内，亦未按照相关法律法规进行引进种子种苗的检验检疫审批，在未经我国农业主管部门安全评估的情况下，开展商业扩繁并大面积种植，亦违反了我国政策的相关规定。

最后，为保护农业安全，根据《进出境动植物检疫法》第五条的规定，中华人民共和国质检总局于 2006 年 10 月已经发布了中国进境植物检疫禁止进境物名录，荷兰的马铃薯块茎及其繁殖材料属于禁止进境的范围。

综上所述，马铃薯属于我国主要农作物，HZPC 公司引进的马铃薯品种均未通过国家审定也没有获得生产经营许可，因此不允许在中国销售，即 HZPC 公司违反我国《种子法》等法律，要求雪川公司将未经审定的马铃薯种薯销售给其指定的买方是违法的。

需要说明的问题，HZPC 公司与雪川公司因《代理协议》发生争议后，HZPC 公司于 2016 年 6 月 17 日向新加坡国际仲裁中心递交了《仲裁通知书》，根据仲裁庭2018年6月19日发布的《第5号程序令》，HZPC公司于2018年6月15日提出了《仲裁请求修正书》，从而接受了仲裁庭提出的方案，双方因《代理协议》发生的纠纷分为两个阶段进行裁决，即“责任阶段”和“损害赔偿阶段”，本案系新加坡国际仲裁中心对“责任阶段”作出的2019年第047号《部分裁决》及新加坡国际仲裁中心2019年第047（a）号《部分裁决解释》。申请人HZPC公司向张家口市中级人民法院申请承认与执行的裁决系《部分裁决》及《部分裁决解释》。

根据仲裁庭发布的《第8号程序令》，第二阶段即“损害赔偿阶段”仲裁程序已经开始进行，因此，双方就《代理协议》所提起的仲裁程序并未进行完毕，仲裁裁决是否违反《承认及执行外国仲裁裁决公约》的相关约定，在所有仲裁程序进行完毕并作出完整裁决前并不能准确予以判断，因此，对于本次HZPC公司提出的要求承认和执行《部分裁决》的请求，应当待新加坡国际仲裁中心完成第二阶段仲裁程序、仲裁庭作出最终仲裁裁决后再综合予以认定。

依照《民事诉讼法》第二百八十三条及《承认及执行外国仲裁裁决公约》第五条第二款（乙）项规定，拟裁定不予承认和执行新加坡国际仲裁中心2019年第047号《部分裁决》及新加坡国际仲裁中心2019年第047（a）号《部分裁决解释》。

四、我院经审查拟处理意见

我院经审查后认为，2015年修订的《种子法》第六十条①第二款规定：“从境外引进农作物或者林木试验用种，应当隔离栽培，收获物也不得作为种子销售。”本案中，雪川公司以科研繁殖用进口马铃薯组培苗，按照上述规定，其扩繁材料不得在国内销售，否则将违犯我国法律规定，有违我国公共政策。

① 现为2021年修正的《种子法》第五十九条。——编者注

根据《植物检疫条例》第十二条第一款、《国外引种检疫审批管理办法》第二条、第六条的规定，雪川公司科研繁殖用进口马铃薯组培苗，未履行上述手续，如果承认和执行新加坡国际仲裁中心的《部分裁决》和《部分裁决解释》，允许在我国销售扩繁物，可能对我国农作物造成危害，从而违反我国公共政策。

综上所述，根据《承认及执行外国仲裁裁决公约》第五条第二款（乙）项的规定，新加坡国际仲裁中心的《部分裁决》和《部分裁决解释》违反我国公共政策，应当拒绝承认和执行。

鉴于我院拟同意河北省张家口市中级人民法院裁定驳回申请人HZPC公司的申请，根据钧院相关规定，现将该案呈报审查，请予答复。

【调查与研究】

《民法典》实施背景下目的港无人提货损害赔偿法律问题完善研究

王　珊[*]　周　燡[**]

一、目的港无人提货简述

(一) 目的港无人提货的概念

通读《海商法》的规定，难觅目的港无人提货的定义。唯有在第八十六条涉及目的港无人提货的具体形态。该条规定："在卸货港无人提取货物或者收货人迟延、拒绝提取货物的，船长可以将货物卸在仓库或者其他适当场所，由此产生的费用和风险由收货人承担。"严格来说，收货人迟延提货只是晚于运输合同原先约定的提货时间，不会产生无人提货的法律后果。因此，本文所讨论的目的港无人提货限定在无人提货和收货人拒绝提货两种情形。具体到审判实务中，无人提货主要表现为托运人在运输单证上指向的收货人不明确，或者虽有收货人的相关信息，但承运人将货物运至目的港后根据单证上记载的信息无法联系相应收货人。收货人拒绝提货往往表现为收货人虽已办理了相关提货手续，但未向承

[*] 上海海事法院审委会专职委员，二级高级法官。
[**] 上海市高级人民法院海事及海商审判庭三级高级法官。

运人实际主张提货。

（二）目的港无人提货的特征

笔者通过检索涉外商事海事审判网公布的全国海事法院生效判决，经分析处理归类，[①] 目的港无人提货案件主要呈现出下列特征。

第一，目的港无人提货案件多发于集装箱班轮运输业务中，鲜有租船运输项下货到目的港无人提货的情形。原告某林业公司诉被告某海运公司一案，是为数不多的航次租船合同项下货到目的港无人收货，承运人擅自处理承运货物抵偿运费的典型纠纷。其余案件则以班轮运输承运人主张权利为主。

第二，目的港无人提货纠纷所涉当事人主要以承运人为原告，托运人为被告。其中，不乏将托运人和收货人列为共同被告；或者以收货人为被告，将托运人列为第三人参加诉讼。

第三，目的港无人提货案件多发于采用运费到付且货量巨大的情况。不乏因运费价格超过货价本身，收货人出于商业成本考虑直接弃货的情形。

第四，无人提领或收货人拒绝提取的货物往往多见于价值低廉、易腐烂变质的农副产品和易发生货损货差的小商品或工艺品。以上海海事法院处理的相关案件为例，无人提货的货物主要包括大蒜、吸管、纸质饭盒、圆珠笔、服装等。

第五，目的港无人提货不仅造成社会资源严重浪费，而且因无人提货产生的集装箱超期使用费、码头堆存费、仓储费以及目的港海关销毁费用等费用，可能远远超过货物本身的价值及承运人可以收取的运费。

（三）目的港无人提货的主要原因及后果

目的港无人提货的原因不仅与其所呈现出的特征紧密相连，更主要

① 目的港无人提货的相关案件主要来源于涉外商事海事审判网上公布的2010年至2019年上海海事法院、宁波海事法院、广州海事法院、厦门海事法院、青岛海事法院、大连海事法院等生效判决。

的是海上运输周期长、中间环节多、经手人员杂。只要其中一环出现纰漏，往往导致托运人交易受挫，合同目的难以实现。

第一，因贸易合同纠纷导致货物运抵目的港无人提货。由于海上运输易受到天气、不可抗力等外来干扰因素，使得货物在途时间较一般运输方式长。例如，易腐易烂的农副产品、生鲜货，收货人发现货到目的港后变质缺损，多半选择拒收；此外，国际货物买卖中，货物价格瞬息万变，待一船货物长途跋涉抵达目的港，收货人因行市因素拒绝付款提货，此时若贸易合同买卖双方无法就货物价格达成新的合意，收货人往往直接弃货。

上海海事法院审理的原告北某亚集运（中国）有限公司诉被告江苏隆某国际贸易有限公司海上货物运输合同纠纷一案，就是一起典型的因贸易因素导致目的港无人提货的案件。该案中，托运人被告江苏隆某国际贸易有限公司委托承运人原告北某亚集运（中国）有限公司出运两个集装箱的男式夹克。货物运抵目的港后，由于最终价格未谈妥，收货人未提货，货物在目的港产生大量的滞期费。

第二，因海上运输合同纠纷导致货物运抵目的港无人提货。实务中，货物在承运人掌控期间，因承运人自身原因诸如未尽谨慎管货义务，船舶不适航、不适货以及不合理绕航等致使货物迟延到港；甚至将托运人货物错运不同目的地，进而造成货物变质贬值、丧失商业价值或者错过特定销售季，从而遭到收货人拒收。例如，广州海事法院审理的广州市南某西企业集团公司诉广东省港某航运公司一案，广州市南某西企业集团公司作为托运人前后两次向承运人广东省港某航运公司托运两批聚乙烯绳，分别运至目的港达曼和吉达。然而，承运人广东省港某航运公司将两批货物错运。因拖延时间太长，导致收货人弃货。

第三，因目的港所在国法律法规、贸易政策或检验检疫制度的限制或变化导致货物运抵目的港无法通关、收货人无法提领货物。青岛海事法院审理的中国某运输（集团）总公司诉（美国）某货运有限公司一案，（美国）某货运有限公司委托中国某运输（集团）总公司托运大蒜至美国长滩港。承运人中国某运输（集团）总公司将案涉货物运抵目的港后，收货人未提货。后经美国农业局检疫，认为货物质量发生变化，禁止在美国销售，必须退运或销毁。

目的港无人提货不仅会给参与整个货物运输的众多当事人的合法权益造成严重损害，而且会扰乱航运、贸易的正常营商秩序并给社会资源造成巨大浪费。

第一，关于货物所有权人。货物所有权依据贸易合同的约定、货款支付情况以及运输单证（主要是提单）项下的付款赎单等不同情况，属于托运人或者收货人。如货物运抵目的港后，一直无人提货，除了货物的商业价值遭受贬损，还会因为货物长期滞留目的港产生高昂的堆存费和滞期费。这些附加费用往往超过货物本身的价值，这也是货物所有权人放弃货物的直接原因。最终，货物因长期堆放在港口码头，未予以报关，被目的港港口当局销毁或强行拍卖。因此，货物所有权人遭受损失不可避免。

第二，关于托运人。基于托运人是海上货物运输合同的一方当事人，根据合同相对性原则，无论托运人是否是货物所有权人、是否收到相应货款抑或已经将提单转让给收货人，只要发生目的港无人提货，承运人必定会依据运输合同向托运人主张相应损失。因此，托运人运输合同项下的义务，难以摆脱。

第三，关于承运人。首先，结合审判中处理的案例可以得出，货物所有权人放弃货物可能是出于综合考虑货物销售价值、提货成本等商业因素后作出的主动选择。一定程度上，货物所有权人放弃货物是其避免损失进一步扩大的减损行为。然而，从承运人角度出发，其损失皆因货物所有人弃货行为而起。承运人为此不但耗时、费力，而且需要被动承担目的港相关税费的高昂经济成本。因目的港无人提货有相当数量发生在海上运输合同或提单上约定“运费到付”的情形，即由承运人向收货人收取案涉货物运费。因此，承运人首先面临无法收取预期的海运费问题。其次，前述提及，目的港无人提货案件主要集中在集装箱班轮运输中。在此情况下，货物装载的集装箱一般由承运人提供（无论集装箱是承运人自有还是向他人租赁），一旦发生目的港无人提货，承运人还需要面临集装箱被长时间占用，无法投入其他航线正常运营的问题。最后，货物运至目的港一般被卸下堆放于保税仓库或承运人控制的仓库中，这笔堆存费又需要承运人先行垫付。

虽然《海商法》在一定程度上赋予承运人在目的港无人提货时的权利救济措施，然而不同国家的法律，港口、海关等法规政策各有不同，具体实施并非易事。即使承运人最终胜诉，通常也难以获得充分补偿。

二、目的港无人提货的责任认定

因目的港无人提货产生的相应民事责任无疑是海运当事人关注的重点问题。该民事责任的性质、承担责任的主体等都是审判实践中需要正确把握的核心所在。

（一）目的港无人提货的责任定性

航运实务中，一个完整的海上货物运输一般包括如下环节：托运人与承运人订立海上货物运输合同（实践中，通常以货物托运单作为订约原始凭证）、托运人将所运货物交付承运人、承运人收货后签发提单或其他不可转让运输单证给托运人、承运人依约将货物运抵目的港、收货人凭相应运输单证向承运人主张提领货物。值得注意的是，《海商法》第七十八条第一款规定："承运人同收货人、提单持有人之间的权利、义务关系，依据提单的规定确定。"据此，当承运人签发了提单，自然就形成了"三方两种法律关系"即承运人与托运人之间的海上货物运输法律关系和承运人与收货人或提单持有人之间的提单法律关系。

《民法典》第五百零九条第一款、第二款规定："当事人应当按照约定全面履行自己的义务。当事人应当遵行诚信原则，根据合同的性质、目的和交易习惯履行通知、协助、保密等义务。"货到目的港后的提领源自海上货物运输合同。结合海上货物运输合同自身的特性，承运人将托运人委托其运输的货物安全运至目的港并使该货物处于交付状态后，作为海上运输合同当事人的托运人或其指定的收货人向承运人主张提取货物，就是协助承运人完成海上货物运输合同下的货物交付，该提货行为既是海上货物运输合同下的履约行为，又是运输合同下的合同义务。如果货到目的港无人前来提货，托运人或收货人则违反了根据货物运输合同的性质所需承担的义务。综上所述，目的港无人提货责任是海上货物运输合同一方当事人因违约行为导致的民事责任，该民事责任符合违约责任的性质。

《民法典》第五百七十七条规定："当事人一方不履行合同义务或者履行合同义务不符合约定，应当承担继续履行、采取补救措施或者赔偿损失等违约责任。"大多数学者认为，该条规定是我国法律对当事人承担违约责任采取严格责任原则的依据。将该条适用于海上货物运输合同中，当承运人将货物运抵目的港并使货物处于可以交付的条件时，只要无人提领货物，即需要向承运人承担违约责任。除非存在法定的免责事由，否则对于过错原因在所不问。

（二）目的港无人提货的责任主体

违约责任是合同当事人违反相应合同义务时，需要向合同相对方承担的民事责任。根据债的相对性原则，目的港无人提货所产生的民事责任系违约责任。承运人依约将货物运抵目的港，却无人提货，承运人因该海上货物运输合同遭受经济损失，有权向违反海上货物运输合同的一方追究违约责任，主张损害赔偿。

1. 海上货物运输合同中托运人作为责任主体

根据《海商法》第四十二条的规定，托运人是指：（1）本人或者委托他人以本人名义或者委托他人为本人与承运人订立海上货物运输合同的人；（2）本人或者委托他人以本人名义或者委托他人为本人将货物交给与海上货物运输合同有关的承运人的人。据此，我国《海商法》规定了两种托运人：一是与承运人订立海上货物运输合同的人，又称订约托运人；二是将货物交给承运人的人，又称实际托运人或发货人。

《海商法》根据成为托运人的两种不同成因，将订约托运人与实际托运人均列为海上货物运输合同的一方当事人。但是，当货物的买卖双方选择 FOB 贸易术语时，在一个海上货物运输合同中就会出现两类托运人并存的情况。具体表现为：贸易买方作为订舱人，与承运人订立海上货物运输合同，即为订约托运人；贸易卖方将出售的货物交付给买方选定的承运人，即为实际托运人或发货人。

订约托运人通过与承运人建立海上货物运输合同关系，成为运输合同的一方当事人，其权利义务来自法律的规定和运输合同的约定。如果订约托运人未能全面履行海上货物运输合同项下的义务，则需要向承运人承担相应的违约责任。《海商法》关于托运人的申报义务规定在第六十六条第一款中。该条规定："托运人托运货物，应当妥善包装，并向承运人保证，货物装船时所提供的货物的品名、标志、包数或者件数、重量或者体积的正确性；由于包装不良或者上述资料不正确，对承运人造成损失的，托运人应当负赔偿责任。"《民法典》第八百二十五条规定："托运人办理货物运输，应当向承运人准确表明收货人的姓名、名称或者凭指示的收货人，货物的名称、性质、重量、数量，收货地点等有关货物运输的必要情况。因托运人申报不实或者遗漏重要情况，造成承运人损失的，托运人应当承担赔偿责任。"据此，向承运人准确提供收货人的相关信息是托运人的一项合同义务。虽然托运人提供了目的港收货人的资料，但出现货到目的港无人提货的情形，则应当视为托运人未提供有效的收货人资料，未履行该运输合同项下的义务。故订约托运人是目的港无人提货的责任主体。

实际托运人是基于贸易合同的要求，通过把货物交付给买方指定的承运人而被赋予托运人的身份。由于其并未参与海上货物运输合同的订立，不是海上货物运输合同关系的主体。根据合同相对性原则，不受该海上货物运输合同的约束，无须承担目的港无人提货的违约责任。

2. 提单法律关系中的托运人作为责任主体

（1）记载在提单“托运人”栏中的托运人。关于记载在提单“托运人”栏中的托运人是否可以认定为订约托运人问题。我国《海商法》第七十一条规定：“提单，是指用以证明海上货物运输合同和货物已经由承运人接收或者装船，以及承运人保证据以交付货物的单证……”在上述给提单所下的定义中，我国《海商法》明确规定，提单只是海上货物运输合同的证明，并不是海上货运运输合同本身。因此，提单上有关托运人的记载只能是反映涉及运输法律关系当事人的初步证明。如果提单记载与海上货物运输合同关于托运人的约定不一致，仍应以运输合同约定的托运人为准。航运实务中也多采取这一观点。谁以自己的名义向承运人订舱、向承运人发出托运单并支付运费，承运人就把他认定为托运人。不论其是否是托运单或者提单记载的托运人。

（2）记名实际托运人。《最高人民法院关于审理海上货运代理纠纷案件若干问题的规定》第八条第一款规定：“货运代理企业接受契约托运人的委托办理订舱事务，同时接受实际托运人的委托向承运人交付货物，实际托运人请求货运代理企业交付其取得的提单、海运单或者其他运输单证的，人民法院应予支持。”从该条规定的内容来看，司法审判实践赋予了实际托运人优先于订约托运人向承运人主张提单的权利。但是关于实际托运人的责任承担问题，我国海商法律未作出明确规定。

以典型的FOB贸易方式下的卖方为例，其根据与贸易买方的买卖合同，将货物直接交付FOB买方订立海上运输合同的承运人或该承运人指定的代理人。如果实际托运人向承运人或承运人指定的代理人要求或者通过FOB买方向承运人或承运人指定的代理人要求将其名字记载在提单的“托运人”一栏中，应当视为实际托运人向承运人作出欲与其建立提单法律关系，并以此证明与承运人之间存在海上货物运输合同法律关系的意思表示。承运人接受了实际托运人的该项意思表示，并向其签发了记名提单，则视为承运人与实际托运人之间达成了通过提单法律关系证明海上货物运输合同的合意。至此，实际托运人与承运人之间的权利义务以提单记载的内容为准。如果承运人将货物运至目的港，却无人提取货物。记名实际托运人就违反了根据提单法律关系对承运人所需承担的义务。据此，记名实际托运人也是目的港无人提货的责任主体。

值得一提的是，《联合国全程或部分海上国际货物运输合同公约》（以下简称《鹿特丹规则》）首次引入了“单证托运人”概念，并在第九条规定“‘单证托运人’是指托运人以外的，同意在运输单证或电子运输记录中记名为‘托运人’的人”。根据该条规定，取得单证托运人的法律地位，需要满足以下三个条件：第一，单证托运人不是与承运人订立运输合同的人，即不属于托运人的范畴；第二，单证托运人在运输单证或电子运输记录中被记载为“托运人”；第三，单证托运人同意此种记载。① 在具备了单证托运人的法律地位后，其能够按照《鹿特丹规则》第三十三条的规定，享有托运人的权利并承担相应义务。该条内容具体表述为：“一、单证托运人必须承担本章和第五十五条对托运人规定的义务和赔偿责任，且有权享有本章和第十三章为托运人提供的权利和抗辩。二、本条第一款规定不影响托运人的义务、赔偿责任、权利或者抗辩。”结合《鹿特丹规则》第九条和第三十三条的内容，单证托运人在实践中主要表现为FOB卖方以及其他可能在运输单证中被识别为托运人的人；并且单证托运人（实际托运人）对承运人负有赔偿责任时，海上货物运输合同托运人的责任并不终止。海上货物运输合同项下的托运人与单证托运人（实际托运人）之间应为连带责任关系。② 我国虽尚未加入《鹿特丹规则》，但是该公约目前代表了国际海上货物运输立法的最新趋势，值得我们在审判中加以借鉴。

3. 实际托运人的法律地位

由于实际托运人在提单的“托运人”一栏中并未要求承运人将其记载为托运人，实际托运人与承运人之间既无海上货物运输合同关系，也

① 参见司玉琢主编、韩立新主编：《〈鹿特丹规则〉研究》，大连海事大学出版社2009年版，第40页。

② 参见司玉琢、韩立新主编：《〈鹿特丹规则〉研究》，大连海事大学出版社2009年版，第256~258页。

无提单法律关系。但是,《最高人民法院关于审理无正本提单交付货物案件适用法律若干问题的规定》(以下简称《无单放货司法解释》)第十二条规定:“向承运人实际交付货物并持有指示提单的托运人,虽然在正本提单上没有载明其托运人身份,因承运人无正本提单交付货物,要求承运人依据海上货物运输合同承担无正本提单交付货物民事责任的,人民法院应予支持。”该条从保护 FOB 卖方的角度,赋予了实际托运人向承运人主张货物损失的请求权。但是,该条是否可以适用于目的港无人提货时,承运人向未将名字记载在提单“托运人”栏中的实际托运人主张违约责任,尚不明确,也亟待审判实践给出有效指引。

4. 收货人的法律地位

《海商法》第四十二条规定,收货人,是指有权提取货物的人。如前述,承运人和托运人是海上货物运输合同的当事人,在承运人签发提单的情况下,依据《海商法》第七十八条的规定,承运人同收货人之间的权利义务关系,依据提单的规定确定。虽然,收货人与承运人之间没有合同法律关系。但是,通过提单这一载体,在收货人与承运人之间建立起了提单法律关系,使得收货人有权向承运人主张提取货物。在承运人未签发提单的情况下,收货人是海上货物运输合同的第三人,其权利义务来源于承运人和托运人双方在运输合同中的约定。据此,收货人基于提单法律关系或者合同的约定有权向承运人主张提货,那么收货人是否负有在目的港提货的义务?

根据我国《海商法》对收货人所下的定义,无法直接得出收货人提取货物是一项权利还是一项义务的结论。

在作为特别法的《海商法》没有相关规定的前提下,通常会在一般法中寻找法律依据。据此,有学者认为,根据《民法典》第八百三十条规定:“货物运输到达后,承运人知道收货人的,应当及时通知收货人,收货人应当及时提货。收货人逾期提货的,应当向承运人支付保管费等费用。”收货人有向承运人提取货物的义务。[①] 然而，笔者认为，从《民法典》的上述条文内容看，该条规定适用的前提是收货人已最终向承运人提货，只是在提货时间上逾期，并且由此产生的责任是向承运人支付因收货人逾期提货产生的保管费。

根据我国民法理论中涉第三人利益合同的一般规定，合同双方只能给第三人设定权利，而不得为其约定义务。[②] 运输合同作为典型的涉第三人利益的合同，收货人在海上货物运输合同中的地位应当为受益第三人。因此，如果收货人一开始就拒绝受领货物，承运人无权要求其支付运费和其他费用。收货人的提货义务附随于其受领运输货物的权利。这是货物运输合同的相对性决定的。当收货人不履行提货义务时，承运人最终只能向托运人主张责任。[③]

《民法典》第八百三十七条规定：“收货人不明或者收货人无正当理由拒绝受领货物的，承运人依法可以提存货物。”《民法典》第五百七十条规定：“有下列情形之一的，难以履行债务的，债务人可以将标的物提存：（一）债权人无正当理由拒绝受领；（二）债权人下落不明；……”结合上述规定，可以得出收货人在运输合同具有债权人的地位。据此，在海上货物运输合同中，收货人提取货物是权利而非义务。

《海商法》第八十六条规定：“在卸货港无人提取货物或者收货人迟延、拒绝提取货物的，船长可以将货物卸载在仓库或者其他适当场所，由此产生的费用和风险由收货人承担。”该条作为一般运输合同特别法的《海商法》对货到目的港而收货人拒绝提货的规定，从海上货物运输合同的性质、收货人在海上货物运输合同中的地位以及收货人拒绝提货责任的承担等方面均与前述《民法典》的相关规定一脉相承。

综上所述，无论依据《海商法》还是《民法典》，都无法得出向承运人提取货物是收货人的一项义务的结论。当收货人在目的港拒绝提货

① 参见司玉琢：《海商法》，法律出版社 2003 年版，第 196 页。

② 参见崔建远主编：《合同法》，法律出版社 2003 年版，第 30 页。

③ 参见张代恩：《运输合同·保管合同·仓储合同》，中国法制出版社 1999 年版，第 77 页。

时，承运人可以依法处分其占有并控制的货物，并且依据与托运人之间的海上货物运输合同向托运人主张损害赔偿。收货人一旦放弃向承运人主张提货的权利，其对承运人不承担任何义务或责任。

5. 提单持有人的法律地位

我国《海商法》中同时使用了收货人和提单持有人两个概念。但《海商法》对提单持有人并未作出界定，也未明确收货人与提单持有人之间的关系。但是，可以明确的是提单持有人是基于提单法律关系而存在的。在海上货物运输中，如果承运人没有签发提单，则不存在提单持有人。当承运人签发了提单，并且提单进行了流转，那么在通常情况下，收货人与提单持有人为同一人。

引申开来，关于提单持有人是否负有在目的港提货的义务问题。同理，提单持有人的提货义务取决于其是否向承运人主张提货。如提单持有人在目的港未向承运人提货，即出现目的港无人提货的情形，承运人应当与托运人联系，由托运人处理货物。

（三）目的港无人提货的责任承担

1. 托运人对承运人的责任承担

在承担违约责任的方式上，托运人应当依据《民法典》第五百七十七条关于“当事人一方不履行合同义务或者履行合同义务不符合约定的，应当承担继续履行、采取补救措施或者赔偿损失等违约责任”的规定，赔偿承运人的运费（在采用运费到付的情形下）、集装箱超期使用费（在集装箱运输方式下）、货物在目的港发生的堆存费、仓储费。如货物最终被目的港当局没收或拍卖，还应赔偿由此产生的相应处理费等。同时，根据《海商法》第八十八条的相关规定，承运人依法留置的货物，自船舶抵达卸货港的次日起满六十日无人提取的，承运人可以申请法院裁定拍卖。拍卖所得价款，用于清偿保管、拍卖货物的费用和运费以及应当向承运人支付的其他有关费用；不足的金额，承运人还有权向托运人追偿。

2. 收货人或提单持有人对承运人的责任承担

只有当收货人或提单持有人向承运人作出主张提货的意思表示，收货人才受海上货物运输合同法律关系或提单法律关系的约束。这时，若收货人或提单持有人在目的港拒绝提货或最终未履行提货义务，那么收货人或提单持有人需要向承运人承担目的港无人提货的违约责任。在这种情况下，收货人或提单持有人向承运人承担的赔偿责任范围与前述托运人承担的赔偿责任范围相同。

3. 托运人与收货人或提单持有人对承运人责任承担的关系

审判实践中，当发生目的港无人提货的情形时，作为权利主体的承运人在提起诉讼时，有时会单独以托运人或者收货人/提单持有人为被告；有时将托运人和收货人/提单持有人列为共同被告；有时还会以收货人/提单持有人作为被告，将托运人列为第三人参加诉讼。上述请求权的实质乃是，目的港无人提货时，托运人和收货人或提单持有人对承运人责任的承担问题。

在目前海上货物运输法律框架下，可以按照以下情况，确定托运人与收货人或提单持有人对承运人所承担的民事责任：当承运人将货物运至目的港，没有明确的收货人（包括运输单证上托运人提供的收货人信息不准确）或收货人或提单持有人未前来提货（包括拒绝提货）时，承运人应当依据与托运人之间建立的海上货物运输合同法律关系，向托运人主张损害赔偿。当承运人将货物运至目的港，收货人或提单持有人根据运输合同或提单向承运人主张提领货物，但最终并未完成提货时，承运人可依据提单法律关系或货物运输合同向收货人或提单持有人主张损害赔偿。

三、目的港无人提货权利主体认定及权利行使实证分析

根据《海商法》第四十二条的规定，承运人是指本人或者委托他人以本人名义与托运人订立海上货物运输合同的人。根据《海商法》第四十一条规定，海上货物运输合同是指承运人收取运费，负责将托运人托

运的货物经海路由一港运至另一港的合同。上述两条明确了在我国海商法律下，识别承运人的标准是看谁与托运人订立了海上货物运输合同。承运人已根据其与托运人订立的海上货物运输合同，完成了将托运人托运的货物经海路完成两港之间位移的运输义务，而运输合同的另一方当事人却违反提货义务，致使承运人遭受诸如到付运费落空、目的港堆存费、集装箱超期使用费等一系列的额外经济损失。因此，承运人有权请求目的港无人提货损害赔偿。

（一）实际承运人不得作为实际索赔主体

随着参与整个海上货物运输环节的当事人愈发多元化，海运承运人逐渐向全程物流经营人转型，承运人与船舶所有人身份分离，提单管理和签发制度不规范等众多因素，使得准确识别承运人在司法实践中变得愈发棘手。笔者认为，准确识别承运人身份，仍应严格按照《海商法》对承运人的定义，不能仅凭提单上对承运人的记载，简单判断。

根据《海商法》第四十二条的规定，实际承运人，是指接受承运人委托，从事货物运输或者部分运输的人，包括接受转委托从事此项运输的其他人。即实际承运人是接受承运人的委托或转委托，实际履行货物运输的人。因此，从运输合同关系角度，实际承运人与托运人之间没有海上货物运输合同关系，实际承运人不是海上货物运输合同的一方当事人；从提单法律关系角度，实际承运人不是提单的签发主体，故其与收货人或提单持有人之间亦不存在提单法律关系。实际承运人系《海商法》赋予的，在承运人与托运人之间建立的海上货物运输合同关系下，履行承运人委托的运输业务的主体。据此，因目的港无人提货使实际承运人遭受经济损失的，实际承运人无权径行向托运人、收货人或提单持有人主张损害赔偿，而只得依据与承运人之间的委托关系，向承运人主张民事赔偿责任。

广州海事法院审理的某航运公司诉某航空公司提货后超期使用集装箱损害赔偿纠纷一案，也采用上述观点。该案中，原告某航运公司系实际承运人，被告某航空公司作为收货人，凭承运人签发的提单提取货物，但因其迟延提货产生集装箱超期使用费。广州海事法院一审认为，某航运公司作为实际承运人无权直接向某航空公司索取在海上货物运输合同关系下产生的集装箱超期使用费。据此，驳回了原告某航运公司的诉讼请求。一审判决后，双方当事人均未提出上诉。

综上所述，依据我国海商海事法律的规定，承运人系目的港无人提货损害赔偿权利的主体。实际承运人因目的港无人提货遭受的经济损失，不能直接向托运人、收货人或提单持有人主张赔偿责任，只能向与其有委托关系的承运人主张。

（二）承运人因目的港无人提货遭受经济损失的救济路径

首先，《海商法》第八十六条至第八十八条为承运人主张目的港无人提货责任提供了法律依据。上述法条分别规定了承运人在目的港无人提货时就货物产生的费用及风险的免除、承运人的留置权及留置权的行使。其次，《无单放货司法解释》第八条规定："承运到港的货物超过法律规定期限无人向海关申报，被海关提取并依法变卖处理，或者法院依法裁定拍卖承运人留置的货物，承运人主张免除交付货物责任的，人民法院应予支持。"最后，《民法典》第八百三十七条规定："收货人不明或者收货人无正当理由拒绝受领货物的，承运人依法可以提存货物。"此外，在《民法典》物权编、担保物权分编以及《公证法》等法律中均涉及留置权的行使及提存。

然而，当目的港无人提货时，尤其是在境外港口发生时，我国的法律能否保障承运人的权益，承运人能否依据上述法律在境外向托运人、收货人或者提单持有人维权？

1. 承运人交货义务的免除

目的港无人提货可能给承运人造成经济损失。为了避免因目的港无人提货给承运人带来的额外经济损失及负担，承运人可以采取一定措施，达到提前预防的效果。实践中，承运人可以结合我国法律六十日的一般期限规定，在与托运人订立海上货物运输合同或签发提单时，通过合同条款或提单条款对其合法权益予以固定。

2. 承运人因目的港无人提货处理货物时对减损义务的把握及其后果

《民法典》第五百九十一条规定："当事人一方违约后，对方应当采取适当措施防止损失的扩大；没有采取适当措施致使损失扩大的，不得就扩大的损失要求赔偿。当事人以防止损失扩大而支出的合理费用，由违约方负担。"《海商法》虽无相关规定，但海上货物运输合同作为运输合同的一种，在特别法没有规定时，自然应当适用一般法的有关规定。然而，何为"适当措施"，法律并未给出确切标准。对减损义务这一源于英美法的规则，英国大法官詹姆斯在1878年Dunkir Colliery Co. v. Lever一案中指出，"违约人不负担因原告没有作出作为通情达理之人本应做的事情而造成的额外的费用；原告也没有义务去做任何在正常经营过程之外的事情"。我国合同法学者亦主张，对减损行为的合理注意取决于特定案件的具体情况，对减损行为的衡量标准要考虑时间、知识、机会和费用等因素。[①]

具体到海上货物运输中，承运人将目的港无人提货的情形及时、有效地通知托运人，可以视为采取"适当措施"的减损行为。并且，承运人可以参考《海商法》第八十八条中有关六十日期限的规定，即自船舶抵达卸货港次日起满六十日，无人提取货物的，承运人可依据与托运人订立的海上货物运输合同通知托运人，听从托运人对案涉货物的指示。如果托运人未予以回复，则此时承运人可依法对无人提领的货物进行处置，从而免除自身的交货义务。

广州海事法院审理的原告某集运公司诉被告某国际货运代理公司货运代理合同纠纷一案，在货物经承运人运抵目的地阿尔及尔港，无人前来提货的情况下，作为代理人的原告某集运公司致函被告某国际货运代理公司：根据目的港当地法规，货物在规定时间内无人提领，将被视为

① 参见韩世远：《减损规则论》，载《法学研究》1997年第1期。

弃货并被当地海关拍卖或充公。处理后的货款将用于抵扣由此产生的费用，不足部分由发货人或收货人承担。鉴于此情况，原告要求被告在一定时间内对如何处置货物给予明确书面答复，否则，由此产生的后果及费用由被告承担。一审法院最终支持了原告的该项诉讼请求。

上海海事法院审理的原告某航运公司诉被告某纺织染整公司海上货物运输合同纠纷一案，被告某纺织染整公司委托原告某航运公司运输案涉货物，货物运至目的地土耳其盖姆利克港，因无人提货，被告某纺织染整公司以书面形式与原告确认，要求原告将案涉货物回运至出发地上海港，并承担相应的回运费用以及在目的港产生的滞期费、堆存费、装卸费等费用。一审法院支持了作为承运人的原告某航运公司就上述费用向作为托运人的被告某纺织染整公司主张的相关诉讼请求。一审判决后，双方当事人均未上诉。

但是，在上海海事法院审理的原告某集装箱运输公司诉被告某货运代理公司海上货物运输合同纠纷一案中，原告某集装箱运输公司作为承运人在目的港无人提货的情况下，未经订舱托运人被告某货运代理公司指示，擅自将货物退运。一审法院以原告某集装箱运输公司违背海上货物运输合同的根本目的以及原告某集装箱运输公司的退运行为未能证明系我国《合同法》下有关为防止损失扩大而采取的“适当措施”为由，没有支持原告某集装箱运输公司向被告某货运代理公司主张退运运费的诉讼请求。一审判决后，某集装箱运输公司提出上诉，二审法院以退运系一份新的货物运输合同，该合同的成立，需有某货运代理公司向某集装箱运输公司作出退运的意思表示，以及某集装箱运输公司与某货运代理公司就退运事宜达成合意为由，驳回了某集装箱运输公司的上诉请求，维持原判。

通过对前述案例的分析、归纳，可以得出以下结论：目的港无人提货时，及时与托运人联系，取得托运人对案涉货物的处置意见或取得托运人承担货物在目的港发生的相关费用的承诺等，不失为承运人有效保障自身合法权益的可操作又经济的救济途径。如果托运人未作出明确意见或不予回复，承运人也能依据法律规定对货物进行处置，免除自己在运输合同项下的义务以及弥补自己因此遭受的经济损失。

3. 承运人卸货权的行使

《海商法》第八十六条规定："在卸货港无人提取货物或者收货人迟延、拒绝提取货物的，船长可以将货物卸在仓库或者其他适当场所，由此产生的费用和风险由收货人承担。"根据法律规定，承运人要将目的港无人提货的货物所产生的额外费用及风险转移给收货人，就要将货物卸在仓库或者其他适当场所。这里对其他适当场所的把握，仍应遵循关于合理措施的减损规则。在审判实践中，如果承运人将货物卸在海关监管仓库或者其他有资质的仓库或场所，均应视为承运人履行了适当注意义务。

4. 承运人留置权的行使

《海商法》第八十八条第一款规定："承运人根据本法第八十七条规定留置的货物，自船舶抵达卸货港的次日起满六十日无人提取的，承运人可以申请法院裁定拍卖；货物易腐烂变质或者货物的保管费用可能超过其价值的，可以申请提前拍卖。"在原告某林业公司诉被告某海运公司擅自变卖承运货物，侵犯提单持有人权利一案中，一审大连海事法院认为，被告某海运公司在未收到运费且在卸货港无人提货的情况下，对所承运的货物有权行使提存的权利。但被告某海运公司无权未经法院许可，擅自变卖货物。由此，被告应赔偿未依法拍卖货物给原告造成的经济损失。一审判决后，双方均未上诉。

而在上海海事法院审理的原告某国际货物运输代理公司诉被告某国际订舱公司货运代理合同纠纷一案中，因货物运抵目的港无人前来提货，原告某国际货物运输代理公司致函给其订舱代理人被告某国际订舱公司，经协商，被告同意将案涉货物在目的港拍卖，并将拍卖所得款项抵偿货物在目的港产生的滞期费等。一审法院支持了原告某国际货物运输代理公司的诉讼请求。一审判决后，被告某国际订舱公司以拍卖未经《海商法》规定的法院裁定拍卖为由，提出上诉。二审法院认为：某国际货物运输代理公司与某国际订舱公司就拍卖达成书面合意，且对拍卖金额予以确认，故维持一审判决结果。

综上所述，在目的港无人提货的情况下，承运人应当按照《海商法》或港口当地相关法律的规定，合法行使其权利，不得擅自变卖或拍卖货物。除非承运人与订舱托运人等责任主体就目的港无人提取的货物的处置达成协议。

四、结语

航运市场的繁荣与国际贸易大环境休戚相关，目的港无人提货对参与海上货物运输的承运人而言，无疑影响巨大。当承运人遭遇目的港无人提货，如何有效维护自身合法权益，尽可能地减少损失，不仅是航运实务界关心的话题，也是司法实践持续关注的重点。本文融合理论与审判实务，通过前述分析，主要解决目的港无人提货中的两大难题：一是目的港无人提货责任主体的认定；二是承运人维护自身合法权益的有效途径。以期对目的港无人提货司法实践及《海商法》相关法条的修改完善，有所裨益。

【信息与资料】

国际统一私法协会"有效执行的最佳实践"项目工作组第四次会议情况

朱　科*

一、会议基本情况

"有效执行的最佳实践"工作组由国际统一私法协会（UNIDROIT）"跨境民事诉讼项目"设立，目标是在跨境民事诉讼执行方面为立法机关和其他政策制定者提供一套全球标准和最佳实践指引，以推动各国改进关于执行的国内立法，预期工作成果为研究和制定关于跨境民事诉讼执行最佳实践的指导文件。自2020年起该工作组已举行三次会议，通过电子邮件及小范围研讨的方式初步确定了"指导文件"涵盖的内容及讨论事项。

本次会议采用线上线下相结合的形式。会议主席是来自加拿大司法部的Kathryn Sabo女士。10位专家①、7位观察员、2位个人观察员、2位受邀人员以及国际统一私法协会的秘书长（Ignacio Tirado）、副秘书长（Anna Veneziano）和相关人员等参加了会议。

---

* 作者单位：最高人民法院民四庭。

① 10位专家来自8个国家，分别是加拿大、澳大利亚、美国（2人）、西班牙（2人）、中国、巴西、英国和德国。北京大学法学院何其生教授作为中方专家参加了此次会议。

二、会议主要内容和特点

（一）会议内容

为期三天的会议主要讨论了四个专题：（1）执行机关执行的最佳实践；（2）担保权执行的最佳实践；（3）网络拍卖；（4）数字资产的执行。会议还就未来工作的安排和文书的起草进行了讨论，并决定下一次会议于2022年12月12日至14日在罗马国际统一私法协会总部召开。

专题1：执行机关执行的最佳实践。

该专题是此次会议讨论的重点。会前，德国学者 Rolf Stürner 和西班牙学者 Fernando GascònInchausti 提交了该专题“指导文件”的初步案文①。案文主要包括三部分：（1）公共机关（public authority）的执行；（2）有效执行的技术、数字化和人工智能；（3）担保权益的执行。由于后两个部分尚无条文内容，会议只讨论了第一部分。

第一部分案文目前主要有十章，分别是：（1）一般原则；（2）执行程序的组织和执行机关；（3）中央电子登记簿及中央机关的设立；（4）可执行文书；（5）债务人资产的披露；（6）执行模式；（7）债权人、债务人和第三人的救济；（8）执行机关；（9）破产和民事执行；（10）国际合作。其中第1章至第6章各自列出了若干实践中的建议，第7章至第10章尚无内容。会议主要就以下几个问题集中进行了讨论。

第一，中央电子登记簿及中央机关的设立。现有案文建议设立中央电子登记簿，并提出了具体的措施和要求。参会人员对各国法律规定、相关技术、第三方权益保护等问题展开了讨论，中国专家对现有案文框架下如何建立中央机关表达了关切。

---

① 详见 UNIDROIT, Draft Best Practices Regarding Enforcement by way of Authority, Study LXXVIB - W. G. 4 - Doc. 3, Working Group on Best Practices for Effective Enforcement, *Fourth session*, Rome/remote, 26–28 April 2022.

第二，可执行文书。现有案文规定，可执行的文书应该由法律来确定和规范，要有合理的细节。在通常情况下，经登记的法院判决、法院命令或庭内和解、有效文件或经登记的特殊私人文件，都被视为可执行文书。与会代表对于法院判决是否需要登记，以及登记是否为执行的必要前提，进行了讨论。

第三，债务人资产的披露。案文建议建立相称和有效的机制，以评估可能被强制执行的债务人所有资产的信息。同时，债务人和所有可能了解或控制相关信息的自然人、私人实体和公共机构，都有义务与执行机关合作。但参会人员普遍认为，公共机构（如税务局等）未必有此义务；且该规定给自然人施加了不必要的义务，有过度之嫌。还有观点认为，现有规定过于细节，未能体现出制定文书所需要的一般原则和规则。中国专家也表达了此类关切，同时建议删除案文中要求宣誓的制度。

专题2：担保权执行的最佳实践。

该专题环节，会议主要听取了会务组关于担保权执行的报告，讨论了下一步将要开展的工作。报告包含了背景介绍、未来工作安排、工作方法等内容以及四个附件. 四个附件分别是：《关于占有有形担保物的最佳实践建议》《担保物的处分》《关于应收款担保权执行的最佳实践建议》《关于担保物变现规则的变化的最佳实践建议》[①]。由于担保权的执行与联合国国际贸易法委员会的工作成果有较多交叉，包括《担保交易示范法（2016）》《担保交易立法指南（2007）》《联合国国际贸易应收款转让公约（2001）》等文书，担保权执行的报告借鉴了其中大量的条款。讨论中有参会者指出，现有文件仍是依照示范法的模式起草，不符合工作组制定一般规则的要求。尽管如此，工作组建议未来工作仍围绕上述四个附件展开。

---

① 详见 UNIDROIT, Update on Draft Best Practices Regarding Enforcement of Security Rights, Study LXXVIB - W. G. 4 - Doc. 4, Working Group on Best Practices for Effective Enforcement, *Fourth session*, Rome/remote, 26-28 April 2022.

专题3：网络拍卖。

该专题环节，会议听取了来自哥伦比亚线上拍卖网站运作模式的介绍，并重点就《网络拍卖讨论稿》[①] 进行了讨论。《网络拍卖讨论稿》主要由七部分组成：（1）网络拍卖的可接受性（该部分介绍了若干国家的做法）；（2）网络拍卖的广告与交易目的；（3）平台管理；（4）位置地点；（5）资产类型；（6）身份识别；（7）资产信息。实践中，除了某些司法管辖区（如法国）不愿接受各种形式的网络拍卖外，大多数国家已经在法律层面允许网络拍卖。在资产类型方面，各国关于动产和不动产的网络拍卖规定明显不同，标准也有差异。参会者普遍认为，高效率和低成本是网络拍卖的优势。但限于时间，会议对于网络拍卖的执行规则并没有深入讨论。

专题4：数字资产的执行。

该专题环节，会议重点就《数字资产执行的讨论稿》[②] 进行了讨论。就这一问题，国际统一私法协会还有另外一个相关工作组，即“数字资产和私法”工作组。会议听取了“数字资产和私法”工作组的工作，尤其是关于数字资产执行的特殊性的介绍。会议聚焦于四个问题：一是本部分的核心争议，即数字资产的哪些内容与执行措施有关，这些措施与传统执行的措施是否有本质上的不同；二是数字资产的密码问题，如比特币的密码或密钥，其与无形资产区别何在，是否构成执行中的一个问题；三是数字资产是否需要特别的执行措施；四是针对文件提及的一些案例，能否从中归纳出相应的执行规则。有不少专家认为，就目前内容来看，数字资产问题处于文书范围之外，应留给国内法解决，因为数字资产的执行并没有适用特殊的措施和程序。

---

① 详见 UNIDROIT, Discussion Paper on Online Auction, Study LXXVIB - W. G. 4 - Doc. 5, Working Group on Best Practices for Effective Enforcement, *Fourth session*, Rome/remote, 26–28 April 2022.

② 详见 UNIDROIT, Discussion Paper on Enforcement on Digital Assets, Study LXXVIB - W. G. 4 - Doc. 6, Working Group on Best Practices for Effective Enforcement, *Fourth session*, Rome/remote, 26–28 April 2022.

（二）会议特点

本次论坛有以下三个主要特点：一是整个项目尚处于前期起步阶段，现有的“指导文件”以报告为主，“执行机关执行的最佳实践”专题虽然已经形成了部分案文，但仍不具体，此次会议就项目的四个专题进行了初步的讨论，后续还将持续更新及推进；二是本项目受到其他国际组织的关注，欧盟、海牙国际私法会议、美洲国家组织、联合国国际贸易法委员会等都派员通过线下或线上的方式参与了此次会议；三是本项目主要针对跨境民事诉讼中的执行问题，对相关专业知识和专业素养要求极高，参会专家、起草专家以学者为主。

三、参会感想与思考

此番是最高人民法院首次派员参加国际统一私法协会（UNIDROIT）的会议，参会后有以下几点思考。

第一，要充分利用国际会议的交流平台，增进对域外法律制度以及司法动态的了解，同时，让国际社会了解我国司法工作的最新进展，提升我国司法的国际影响力。尽管此次参会最高人民法院以掌握信息为主要目的，未以观察员身份发言，但通过聆听其他参会者的发言以及对前沿问题的讨论，能填补知识空白，借鉴他山之石，亦是受益良多。同时，国际会议的交流平台也为人民法院提供了向国际社会发声的机会，我们可以借此机会介绍我国司法工作经验和成就，参与国际规则的制定。

第二，本项目的预期工作成果为制定关于跨境民事诉讼执行最佳实践的指导文件，从而为各国立法机关和其他政策制定者提供一套全球标准和最佳实践指引，以推动各国改进关于执行的国内立法。因此，若能持续跟进本项目，了解该指导文件出台的背景、条文主旨和前沿动态，对国内执行立法和司法工作均有积极意义。

第三，本项目尚在起步阶段，内容主要涉及跨境民事诉讼的执行问题，讨论集中在执行模式、各种具体的执行措施、执行中有关担保物的变现、网络拍卖中遇到的问题、数字资产（特别是比特币等）执行时遇到的问题、执行中第三方权利的保护等，对执行领域的理论和实务知识储备要求较高，建议在后续的会议中能有熟悉该领域的人员参加，以便提出建设性的意见，也能借此机会宣传我国执行领域改革创新的最新成果和成功经验。

中国审判指导丛书

——各级人民法院审判工作权威参考指导用书

《刑事审判参考》：最高人民法院刑事审判第一庭、第二庭、第三庭、第四庭、第五庭共同主办。自2021年起，丛书由人民法院出版社出版发行，作为《中国审判指导丛书》的重要组成部分。丛书自1999年4月创办以来，秉承立足实践、突出实用、重在指导、体现权威的编辑宗旨，在编辑委员会成员、作者和读者的共同努力下，密切联系刑事司法实践，为刑事司法人员提供了有针对性和权威性的业务指导和参考，受到刑事司法工作人员和刑事法律教学、研究人员的广泛欢迎。丛书主要收录指导案例、刑事司法规范及其理解与适用、刑事政策及其解读、理论前沿、实务探讨、编辑部答疑、经验交流、疑案争鸣等内容。2021年，作者将对丛书的体例、栏目设置及相关内容等进行完善和提升，力求以全新的面貌将更权威、实用的内容展现给读者。全年6辑，每辑68.00元，共408.00元。

《民事审判指导与参考》：最高人民法院民事审判第一庭编。丛书收录最高人民法院关于民事审判工作的司法解释及其理解与适用、指导意见和最新政策精神及其解读、民事审判会议纪要、最高人民法院典型案例评析、示范性裁判文书、实务研讨、理论研究、各地方法院经验交流等内容，旨在传播最高人民法院和地方各级人民法院的优秀民事审判工作经验，对最新疑难经典案例进行探讨与解析，提供审判实践中解决疑难问题的思路，是最高人民法院民事审判第一庭履行对下指导职责的工作平台。全年4辑，每辑68.00元，共272.00元。

《商事审判指导》：最高人民法院民事审判第二庭编。丛书刊登最高人民法院关于商事审判工作的指导意见、司法解释及其理解与适用、典型案例评析文章、示范性裁判文书、地方实务调研成果、理论研究文章等。丛书对各级人民法院商事审判工作具有重要指导作用和参考价值。全年2辑，每辑68.00元，共136.00元。

《知识产权审判指导》：最高人民法院民事审判第三庭编。丛书主要内容包括知识产权审判政策与精神、司法解释理解与适用、调研报告和案例评析，以及反映知识产权审判动态的专题论述和优秀裁判文书等。丛书对各级人民法院知识产权审判工作具有重要指导作用和参考价值。全年2辑，每辑68.00元，共136.00元。

《涉外商事海事审判指导》：最高人民法院民事审判第四庭编。丛书收录当年出台的司法解释、司法指导性文件以及涉外商事案件相关问题的批复和案例评析，重点收录最高人民法院对高级人民法院有关国际商事仲裁裁决司法审查法律问题请示的复函，并附有高级人民法院的请示。丛书对各级人民法院涉外商事海事审判工作具有重要指导作用和参考价值。全年2辑，每辑68.00元，共136.00元。

《立案工作指导》：最高人民法院立案庭编。丛书主要收录有关立案的司法解释理解与适用、各级人民法院立案工作的实践经验、调研报告和案例评析等。丛书对各级人民法院立案工作具有重要指导作用和参考价值。全年2辑，每辑68.00元，共136.00元。

《审判监督指导》：最高人民法院审判监督庭编。丛书主要收录关于审判监督工作的司法解释及其理解与适用、最新的政策与精神及其解读、最高人民法院案例评注、典型案例、会议纪要、优秀裁判文书、业务交流等内容。另外，还设置了审监信箱，回应全国法院审判监督工作中的疑难问题。丛书对各级人民法院审判监督工作具有重要指导作用和参考价值。全年2辑，每辑68.00元，共136.00元。

《中国少年司法》：最高人民法院少年法庭工作办公室编。丛书设置了有关少年司法工作的政策与精神、法官论坛、改革与探索、理论与实务研究、典型案例、裁判文书以及规范性文件等栏目。丛书的出版，旨在切实加强对少年司法工作相关问题的研究、加强对全国少年法庭工作的指导、强化相关方面的调查研究和理论探讨。丛书对各级人民法院少年审判工作、相关政法部门少年司法执法工作和有关社会组织的未成年人权益保护工作，都有重要的指导作用。全年4辑，每辑68.00元，共272.00元。

《执行工作指导》：最高人民法院执行局编。丛书对我国目前执行工作中的重点、热点和难点问题，从不同角度进行理论研究和实践经验的提炼与总结；同时，丛书紧紧围绕最高人民法院执行工作大局，紧密结合执行工作理论与实践，为全国广大法官以及其他法律职业者提供及时、权威的执行工作业务指导和参考，对正确理解相关规定、统一执法标准和破解执行难问题具有重要指导作用。全年4辑，每辑68.00元，共272.00元。

《国家赔偿与司法救助办案指导》：最高人民法院赔偿委员会办公室编。编委会成员分别由全国人大法工委国家法室、最高人民法院赔偿委员会办公室、最高人民检察院刑事申诉检察厅、公安部法制局、司法部法制司、财政部条法司等部委工作人员组成，收录了国家赔偿与司法救助相关的政策、法律法规、司法解释及其理解与适用，有普遍指导意义的请示案件及其答复，重大新型疑难案例评析，国家赔偿理论与实务研究，国家赔偿工作调研报告，地方国家赔偿工作动态等内容，集中反映最高人民法院、最高人民检察院等单位对于国家赔偿工作重要政策、观点、理论研究和实践指导的意见，对国家赔偿与司法救助工作具有重要的指导作用和参考价值。全年2辑，每辑68.00元，共136.00元。

2025年中国审判指导丛书征订单

银行汇款方式：

开户银行：工行王府井金街支行

账号：0200000709004606170

开户名称：人民法院出版社有限公司

行号：102100000072

邮箱：fysgzzz@163.com

邮局汇款方式：

邮编：100745

地址：北京市东城区东交民巷27号人民法院出版社

联系人：王玺佳 010-67550536/18601031761

靖存锴 010-67550595/18601032892

传真：010-67550541

订购单位					联系人	
联系电话					邮编	
详细地址						
电子邮箱		纳税人识别号				
代号	书名	全年辑数	定价	邮费	合计	订购份数
202510	《刑事审判参考》	六辑	408.00	61.20	469.20	
202511	《民事审判指导与参考》	四辑	272.00	40.80	312.80	
202512	《商事审判指导》	两辑	136.00	20.40	156.40	
202513	《立案工作指导》	两辑	136.00	20.40	156.40	
202514	《审判监督指导》	两辑	136.00	20.40	156.40	
202515	《知识产权审判指导》	两辑	136.00	20.40	156.40	
202516	《涉外商事海事审判指导》	两辑	136.00	20.40	156.40	
202517	《中国少年司法》	四辑	272.00	40.80	312.80	
202518	《执行工作指导》	四辑	272.00	40.80	312.80	
202519	《国家赔偿与司法救助办案指导》	两辑	136.00	20.40	156.40	